b^{sr}

Sich im Paragraphendschungel zurechtzufinden, ist auch für gestandene Juristen nicht immer einfach. Bei notwendigen Gesetzesänderungen achtet der Gesetzgeber deshalb peinlich auf Transparenz und Klarheit. So heißt es im Bundesgesetzblatt wörtlich:

§ 17 wird wie folgt geändert: In Absatz 1 Satz 1 wird die Angabe «§ 11 Abs. 2 Satz 2 Nr. 5, Abs. 4 Satz 2 Nr. 4, auch in Verbindung mit § 12 Abs. 2, nach § 12 Abs. 3 Satz 2 Nr. 5 und 6, § 15 Abs. 1 Satz 2 Nr. 2 und 4, Abs. 3 Satz 2 Nr. 2, 4 und 5» durch die Angabe «§ 10 Abs. 2 Satz 2 Nr. 5, Abs. 3 Satz 2 Nr. 4, auch in Verbindung mit § 12 Abs. 2, nach § 12 Abs. 2 a Satz 2 Nr. 1 und 4, § 15 Abs. 1 Satz 2 Nr. 2 und 4, Abs. 3 Satz 2 Nr. 2, 4 und 5» ersetzt.

In seiner mittlerweile vierten Sammlung stellt Wilfried Ahrens wieder die witzigsten und groteskesten juristischen Stilblüten vor. Der Leser trifft im Rotlichtmilieu auf eine *Gelegenheitsbrusttätowierte,* lernt so manchen *Leidenden Oberstaatsanwalt* kennen und gewinnt Einblick in den Ablauf der auf Rechtsfindung gerichteten Kommunikation: *Es kam zu Korrespondenz und schließlich zu Schriftverkehr.* Eine Sternstunde sprachlicher Minderleistung.

Wilfried Ahrens ist Oberstaatsanwalt bei der Staatsanwaltschaft Göttingen. Bei C. H. Beck sind von ihm erschienen: *Der Geschädigte liegt dem Vorgang bei. Die besten juristischen Stilblüten.* 6. Aufl. 2005; *Der Unfallort hat sich bereits entfernt. Neue juristische Stilblüten.* 4. Aufl. 2007; *Der Angeklagte erschien in Bekleidung seiner Frau. Die neuesten juristischen Stilblüten.* 2. Aufl. 2006.

Wilfried Ahrens

Der Polizist rettete sich durch einen Seitensprung

Neue juristische Stilblüten

Verlag C. H. Beck

Originalausgabe

© Verlag C. H. Beck oHG, München 2008
Gesamtherstellung: Druckerei C. H. Beck, Nördlingen
Umschlagentwurf: + malsy, Willich
Umschlagabbildung: © Jussi Steudle
Printed in Germany
ISBN 978 3 406 56812 1

www.beck.de

Inhalt

Vorbemerkung

Aller guten Dinge sind drei, so heißt es. Mich jedoch auf solchen Weisheiten auszuruhen, kam mir nicht in den Sinn. Und so ging es weiter, das Stöbern und Entdecken, das Aufschnappen und Notieren, das Auswählen, Ordnen und Kommentieren juristischer Stilblüten.

Wo aber stünde ich wohl heute erst ohne diese liebenswerten, mit Humor gesegneten Zeitgenossen, die der festen Meinung waren, ihre eigenen Funde seien bei mir in besten Händen (bei der «zertifizierten Sammelstelle für Stilblüten und Kuriositäten», wie man mich schon bezeichnet hat). Allen, die damit die breite Basis für dieses Buch erst ermöglicht haben, sei an dieser Stelle von Herzen gedankt.

Neben bewährten Schwerpunkten bietet die vierte Sammlung auch neue Themen, etwa in Kapiteln wie «Sportliches» oder «Na lecker!».

Immer wieder werden Sie auch auf richtig Schräges stoßen. Kein Wunder, PISA läßt zuweilen grüßen. Vielleicht lachen Sie sich ja schief; paßte doch wunderbar ins Bild.

Wilfried Ahrens

1. Aperitifs

Bevor ich Sie auf eine erneute Reise in die Welt der Juristensprache und Protokollkunst entführe, möchte ich – wie gehabt – Ihren Appetit mit einer bunten Mischung anregen.

Fast jede kategorische Beteuerung besitzt in Wahrheit ein Hintertürchen. Hut ab, wer das sogar der Polizei verrät.

Ich fahre sonst nicht schwarz und wenn, dann nur sehr ungern.

Von notorischen Schwarzfahrern wird übrigens bemängelt, um dieses Delikt werde viel zuviel Wind gemacht. Den Eigenanteil verschweigen sie natürlich.

Der Beschuldigte wurde uns übergeben, weil er den ICE ohne gültigen Fahrausweis benutzt hatte. Bei Durchsuchung seiner Person wurden mehrere Fahrpreisnacherhebungen aufgefunden. Zum neuerlichen Tatvorwurf sagte er: «Das geht mir meilenweit am Arsch vorbei. Schwarzfahren ist Geldsparen. Wißt ihr, was ich davon halte?»
Darauf hob er das Bein und furzte.

Wie gesagt, es wird viel Wind gemacht.

Daß auch andere Zeitgenossen mächtig unter Dampf stehen, liegt manchmal nur am Protokoll.

Bei dem Geschädigten handelt es sich um einen Wasserkocher vom Typ WK 3480.

Auch beim Schwarzfahren im Stadtbus gibt es Dinge, die zum Himmel stinken.

Wenn Sie in Ihrem Erinnerungsschreiben auf Zahlung des erhöhten Beförderungsentgelts Gesetzesparagraphen aufzeigen, sollten Sie sich auch mit dem Grundgesetz vertraut machen.

Sie sind zu einer Beförderung verpflichtet, da Sie im öffentlichen Sinne handeln, unabhängig von der Privatisierung Ihrer Betriebe. Die Personengruppen, die sich eine Beförderung nicht leisten können, werden, wie bei der Gebühreneinzugszentrale GEZ, von diesen befreit. Die Öffentlichen, auch die mittlerweile Privatisierten, sind verantwortlich für das Wohlergehen aller, auch der sozial Schwachen.

Sie haben dafür zu sorgen, daß es allen möglich ist, Grundbedürfnisse der heutigen Zeit zugänglich zu machen. Diskriminierungen in Form von Ausschließungen können wir uns auf diesem Gebiet nicht erlauben, da es genügend Beförderungsplätze gibt. Wäre ich nicht mitgefahren, wäre Energie unnötig verschwendet worden. Es war meine Pflicht, den Ölverbrauch Ihrerseits sinnvoll zu nutzen. Unabhängig vom Beförderungsentgelt.

Es kann nicht angehen, daß wir nur Ihre Abgase einatmen dürfen.

Bekanntlich reagiert man auch auf Zigarettenrauch zunehmend allergisch.

Brief an das Vormundschaftsgericht:

Meine alte Patentante ist seit ungefähr einem Jahr Nichtraucherin und wird nun immer militanter: Wenn sie sieht, daß Leute aus dem Auto (z. B. auf Parkplätzen oder vor Ampeln) Zigarettenkippen schmeißen, wirft sie die brennenden Glimmstengel in die betreffenden Fahrzeuge wieder zurück (im Sommer mit dem allergrößten Lustgewinn in offene Cabrios).

Mitunter steht sie stundenlang – Tag für Tag – an Verkehrsampeln und wartet auf passende Gelegenheiten. Wenn die völlig verblüfften Autofahrer dann im Wageninnern hektisch nach den

Kippen suchen, um keine Brandstellen auf den Sitzen zu riskie-
ren, hat sie ausreichend Zeit, um zu entwischen.
Was halten Sie davon?

Die Idee, sich ans Vormundschaftsgericht zu wenden, war sicherlich gut, vermag eine Vormundschaft doch manchmal wahre
Wunder zu bewirken, Wunder von biblischen Dimensionen. So
hieß es in einer Strafanzeige:

Der Beschuldigte ist der unter Vormundschaft sehende sehbe-
hinderte Meier.

Und ebenfalls an Wunder grenzt, wenn für die Polizei selbst das
Abwesende und Verborgene sichtbar wird.

Gernot Schwade ist im letzten Jahr als vermißte Person in Er-
scheinung getreten.

Wunder, die einem Gericht, das in der Hauptverhandlung seine
Angeklagten vermißt, leider nicht vergönnt sind. Eine ernüch-
ternde Erkenntnis, die es übrigens mit den Daheimgebliebenen
teilt. So schrieb ein Angeklagter am Tag seiner Hauptverhandlung:

Für mich ist der Fall erledigt, ich habe nichts mehr zu sagen.
Meine persönliche Erscheinung beim Gericht ist ebenfalls nicht
denkbar.

Wunder auf dem Arbeitsmarkt dürfen wir zwar ebenfalls nicht
erwarten, dennoch ist beruhigend zu sehen, mit welcher Präzision wir in diesem Kampf aufgestellt sind.

Aus dem Gesetz zur Verbesserung der Beschäftigungschancen
älterer Menschen, hier: Änderung des Dritten Buches Sozialge-
setzbuch (Bundesgesetzblatt I 2007, 538):

§ 37 b wird wie folgt geändert:

a) In der Überschrift wird das Wort «Arbeitssuche» durch das Wort «Arbeitsuche» ersetzt.

§ 39 wird wie folgt geändert:

a) In Absatz 1 Satz 1 werden die Wörter «Ausbildungs- und Arbeitssuchende» durch die Wörter «Ausbildung- und Arbeitsuchende» ersetzt.

b) In Absatz 1 a werden die Wörter «Die Ausbildungssuchenden und Arbeitssuchenden» durch die Wörter «Ausbildung- und Arbeitsuchende» ersetzt.

c) In Absatz 2 werden die Wörter «Die Ausbildungsuchende oder Arbeitsuchende» durch die Wörter «Ausbildung- oder Arbeitsuchende» ersetzt.

d) Absatz 4 Satz 1 wird wie folgt geändert:
aa) In Nummer 1 bis 3 wird das Wort «Arbeitssuchende» jeweils durch das Wort «Arbeitsuchende» ersetzt.

Immer mehr Straftäter, so scheint es, schwören auf das Mitführen wundersamer Maskottchen. Mental zweifellos eine große Hilfe, nur über die praktische Effizienz am Tatort herrscht noch Streit.

Als in besagter Nacht die Hunde des Nachbarn anschlugen, sahen wir nach draußen und bemerkten insgesamt 4 Personen. Als sie unserem Grundstück näher kamen, waren Timo Dietrich und Freddy Bruch an ihren Stimmen und Herr Dietrich zusätzlich an seiner großen Statue zu erkennen.

Das hohe Gut der Meinungsfreiheit gilt selbstverständlich auch für Mittäter. Sachbeschädigungen an zehn geparkten Autos, so lautete der Vorwurf. Und während Simon einräumte, sie alle gemeinsam mit Kumpel Andre auf dem nächtlichen Heimweg begangen zu haben, blieb der steif und fest dabei, nur zweimal Hand und Fuß angelegt zu haben.

Wenn der Simon was anderes sagt, dann weiß ich auch nicht warum. Er hat eben eine andere Meinung als ich.

Die freiheitlich-demokratische Grundordnung ist die eine Sache, wie frei und selbstbestimmt wir aber tatsächlich durchs Leben schreiten, das entscheidet sich nicht zuletzt in unserer Kindheit. Aus einem Testament:

Wir fügen unseren Ausführungen hinzu, daß wir in erster und einziger Ehe verheiratet sind und unsere Kinder leibeigen aus dieser Ehe hervorgegangen sind.

Und selbst so ein Ehegattentestament entsteht nicht in völliger Freiheit. Aus einer Examensklausur:

Ein Indiz für die Wechselbezüglichkeit der Erbeinsetzung könnte das Datum sein. Immerhin errichteten die Eheleute das Testament am 24. Dezember, also an Weihnachten. Vielleicht wurden sie durch die «besinnliche Zeit» dazu «ermuntert», gemeinsam, in gegenseitiger Abhängigkeit, ein solches Testament zu errichten.

Eines aber steht zum Glück fest: Frei und unbelastet vom Verdacht mafiöser Verstrickungen formuliert der deutsche Staatsanwalt seine Anweisungen an die Polizei.

In obiger Sache wird an die Erledigung des Zeugen erinnert.

Allerdings haben Beschuldigte schon behauptet, kaum auf der Polizeiwache angekommen, sei Hackfleisch aus ihnen gemacht worden. Vorwürfe, die selbstverständlich absurd sind.

Der Festzunehmende wurde von uns auf die hiesige Dienststelle zur weiteren Verarbeitung verbracht.

Und zum Schluß: Hoch lebe der Vorgang! Beklagte Behörde an das Verwaltungsgericht:

In der Verwaltungsrechtssache bitte ich um Übersendung des Verwaltungsvorgangs, damit die weiteren Ausführungen der Klägerin nochmals anhand des Vorgangs überprüft werden können. Nach Einsichtnahme in den Vorgang komme ich dann unaufgefordert auf den Vorgang zurück und füge den Vorgang meiner Stellungnahme wieder bei.

2. Gerichte

Wenn unsere Justiz nicht in die Strümpfe kommt, sich statt dessen nur in Schweigen hüllt, so ist das allemal ein Grund, auch an schöne Dinge zu denken.

Anwalt an Zivilgericht:

In obigem Rechtsstreit hatten wir vergeblich auf eine Antwort auf unseren Schriftsatz gewartet.
Das Verfahren ist nunmehr seit rund 6 Jahren anhängig, und es läßt sich auch nicht vorhersehen, ob das Verfahren noch zu Lebzeiten der Parteien beendet werden kann.
Auf vielen Gebieten führt ein langer Reifungsprozeß zu ganz besonderen, hervorragenden und geschätzten Ergebnissen, wie zum Beispiel bei der Lagerung von Cognac und Whiskey. Für einen Rechtsstreit gilt diese Weisheit nicht, weil eine Partei auch bei einer längeren Verfahrensdauer nicht geduldig auf ein exzellentes Ergebnis warten kann, sondern verständlicherweise etwas unwirsch ist. Auch unser tröstender Hinweis an den Mandanten, daß die Prozesse in den Entwicklungsländern von Mittelafrika noch länger dauern, hat keinen rechten Beifall gefunden.
Wir bitten das Gericht deshalb um eine glaubhaft wirkende Schutzbehauptung für die Dauer des Verfahrens.

Womöglich läßt es sich auch ganz anders sagen:

... bitten wir das Gericht, erneut zu terminieren. Die Gegenseite rührt sich nicht. Die Sache kann nicht ausgesessen werden.

Dabei bezeichnet man gerade ein besonders rasches Urteil, nämlich jenes, das noch am Ende einer mündlichen Zivilverhandlung ergeht, als «Stuhlurteil». Eine Formulierung übrigens, die einer unterlegenen Partei die interessante Perspektive bietet, relativ stubenrein darüber herzuziehen.

Nur wenn die Politik bereit ist, unsere Gerichte mit dem Notwendigsten auszustatten, kann Rechtsprechung auch funktionieren.

Aktenvermerk:

Das Gericht kann die Sache nicht terminieren, weil das Gericht keinen Kalender für das nächste Jahr hat.

Fehlendes läßt sich erwerben, wenn auch nicht unbedingt im Fortbildungssystem unserer Justiz, denn das scheint größere Lücken zu reißen, als es schließen soll. Dazu aus einem Zeugnis:

Fehlende Kenntnisse erwarb die Justizangestellte zusätzlich durch die Teilnahme an den Fortbildungen für ihr Fachgebiet.

Über die Robenordnung hatte ich früher schon berichtet. Als vor etlichen Jahren ein heißer Sommer das Verhandeln im stickigen Gerichtssaal zur Qual machte, bewies der Vorsitzende einer kleinen Strafkammer buchstäblich Zivilcourage. Kurz entschlossen gestattete er Marscherleichterung auf dem beschwerlichen Weg zur Wahrheitsfindung. Die Schöffen zogen ihre Jacken aus, der Vorsitzende die amtlich diktierte Robe.

Aber wie es im Leben so geht: Die Präsidentenetage bekam Wind von der Sache und argwöhnte einen geradezu bizarren Entkleidungsakt. Schriftlich wurde der Vorsitzende aufgefordert, dazu Stellung zu nehmen, ob zutreffe,

daß die Kammer ohne Robe und ohne Jacken lediglich in Hosenträgern getagt habe.

Amtsgericht an Polizei:

Ich bitte um Überprüfung, ob gegen den Angeklagten neue Strafverfahren schweben.

Wenn eine klare, angemessene Sprache das Bild in unseren Gerichtssälen prägt, schwindet sicherlich auch die Gefahr, daß abgehoben verhandelt wird.

Und so machte ein Jugendrichter einem jungen Angeklagten ganz unmißverständlich deutlich, was es hieße, sich weiter so uneinsichtig zu zeigen.

Als Ersttäter kommt man meist mit einem blauen Auge davon. Aber wie blau das dann ist, werden wir noch sehen.

Gerade bei Jugendlichen wird ja beim ersten Mal noch nicht so fest draufgehauen.

Wohlwollend und in der Annahme, künftig werde sich schon alles wie von alleine regeln, befand ein Urteil:

Der Angeklagte beabsichtigt, ein geordnetes Leben im Kreisel seiner Lebensgefährtin zu führen.

Und davor wollte das Gericht, wie jemand es mal ausdrückte,

die Augen nicht verschränken.

Auf das Hilfsangebot des Bewährungshelfers setzte dagegen dieses Gericht, bedeutete dem Angeklagten in Freudscher Manier aber auch, daß das Ende der Fahnenstange an sich längst erreicht war.

Nur unter der Voraussetzung, daß der Angeklagte das Höchstangebot und die Unterstützung durch seinen Bewährungshelfer annimmt, kann ihm eine günstige Prognose bescheinigt werden.

Und ein Angeklagter, der endlich eine Lösung seiner Ehepro-
bleme gefunden hatte, wandte sich schon vor Prozeßbeginn an
das Gericht:

*Ich bitte um eine milde Strafe. Bedenken Sie, daß ich Witwer bin
– und das von eigener Hand.*

3. Anklagen und Protokolle

Wenn ein Beschuldigter von der Polizei vernommen und die Aussage in seiner Gegenwart schließlich laut diktiert und zu Papier gebracht wird, sollten Unstimmigkeiten aus dem Vorgespräch an sich geklärt sein.

selbst gelesen, laut diskutiert und als richtig befunden
Unterschrift

Daß den Tatwerkzeugen gerade bei Einbruchsdiebstählen ein enormer Stellenwert zukommt, weiß auch die Staatsanwaltschaft. Aus einer Anklage gegen zwei, ja beinahe schon vier Mittäter:

… indem die beiden Angeschuldigten
in bewußtem und gewollten Zusammenwirken mit zwei Schrau-
benziehern die Hintertür zur «Möbelpassage» aufhebelten …

Bei der Umschreibung von Fahrlässigkeit verfiel man in dieser Anklage versehentlich in die zivilrechtliche Diktion. Das paßte dort zwar nicht, dafür aber bestens in eine Stilblütensammlung.

… indem der Angeschuldigte kurz nach Mitternacht an der
Landstraße acht Leitpfähle aus dem Boden zog und diese auf der
kurvenreichen Strecke quer auf die Fahrbahn legte, wodurch ein
vollbesetztes Taxi aufgrund mangelnder Ausweichmöglichkeiten
mit einem der Leitpfähle kollidierte und verunfallte; dies ist auf
das Außerachtlassen der im Verkehr erforderlichen Sorgfalt
durch den Angeschuldigten zurückzuführen.

Als ein Amtsrichter einen Autofahrer wegen Überschreitung der zulässigen Höchstgeschwindigkeit verdonnert und dabei

auf Fahrlässigkeit erkannt hatte, meinte er, sich in den Urteilsgründen auch mit der Frage der Vermeidbarkeit auseinanderset-
zen zu müssen.

*Da kein Anlaß für eine Geschwindigkeitsüberschreitung be-
stand, ist davon auszugehen, daß durch eine Verminderung der
Energiezufuhr zum Verbrennungsmotor oder eine Verminderung der Bewegungsenergie die Geschwindigkeitsüberschreitung
hätte vermieden werden können.*

Wer hätte es gedacht.

Autofahrern, die trotz deutlicher Promillewerte noch Fahrtüch-
tigkeit behaupten, ist zumindest Fahrlässigkeit vorzuwerfen.
Dabei verweist die Justiz gern auf die Menge der zuvor konsu-
mierten Alkoholika, ausnahmsweise auch mal auf die Qualität
des Weines.

Aus einem Strafbefehl:

*…, indem Sie mit einem Blutalkoholgehalt von mindestens 1,40 g
Promille und somit im Zustand absoluter Fahruntüchtigkeit die
Bundesstraße 3 befuhren und dabei wegen der Mängel der zuvor genossenen alkoholischen Getränke Ihre Fahruntüchtigkeit
hätten erkennen können und müssen.*

Einlassungen zur Sache werden im Hauptverhandlungsprotokoll stets gewissenhaft notiert.

*Was mir die Anklage vorwirft, ist richtig. Normalerweise setze
ich mich nicht ans Steuer, nur wenn ich etwas getrunken habe.*

Einen Sachverhalt aufzuklären ist die eine Sache, sich für die
Wahrheit aufzuopfern eine ganz andere. Aus einer Zeugenver-
nehmung:

*Auf Vorhalt des Richters: Warum keine Würgemale von
Dr. Gründlich festgestellt worden sind, kann ich mir nicht erklä-*

ren. Der Täter hat mich mit Hilfe des von mir getragenen Kleides gewürgt. Er hat es vorne mit einer Hand erfaßt und es so lange herumgedreht, bis ich keine Luft mehr bekam.
Die Zeugin demonstrierte, indem sie den anwesenden Richter in ähnlicher Weise abwürgte.

Im allgemeinen aber trotzen Richter den typischen Gefahren ihres Berufes mit nahezu traumwandlerischer Sicherheit.

Im von der Klägerin gekennzeichneten Unfallbereich weist die Treppe keine so gefährlichen Mängel auf, daß sie für typisch sturzgefährlich anzusehen wären. Das Gericht hat sich selbst davon überzeugt und mehrfache Gehproben gemacht. Der Richter ist vorwärts, seitwärts, mit und ohne Übertritte über die Stufenkanten, mit größtmöglicher Unaufmerksamkeit, auch mit geschlossenen Augen, die Stufen hinuntergegangen, ohne zu straucheln, geschweige denn zu stürzen.

Im Gerichtssaal mal rundheraus die Wahrheit sagen, nichts als die Wahrheit – soll man das, darf man das? Für Richter jedenfalls ist bis zur Urteilsverkündung besondere Vorsicht geboten. Prozeßverzögerung droht. Aus einem Hauptverhandlungsprotokoll:

Während der Paß in Augenschein genommen wurde, fragte der erkennende Richter den Angeklagten, ob er nicht bemerkt habe, daß das Geburtsdatum verändert sei. Eine derartige Fälschung erkenne selbst, wie man in Offenbach sagt, «ein Blinder mit einer Filzbrille».
Als der Verteidiger dies abstritt, riet ihm der unterzeichnende Richter, falls er dies wirklich nicht erkenne, den Optiker zu wechseln.
Der Verteidiger erklärte:
Ich lehne den amtierenden Richter im Hinblick auf diese Äußerung wegen Besorgnis der Befangenheit ab.
beschlossen und verkündet:

Der heutige Termin wird aufgehoben. Neuer Termin von Amts wegen, nachdem der zuständige Richter über den Befangenheitsantrag entschieden hat.

Umgekehrt verzweifelte ein Nebenkläger am Bemühen eines Vorsitzenden, die Feinheiten eines Notarztprotokolls zu entziffern.

Der Richter war nicht fähig, 4 Verletzungen zu lesen. Solche Typen benötigen eine neue Brille oder sollten die Robe ausziehen.

In einem andern Fall hatte sich ein Vorsitzender zu der Äußerung hinreißen lassen: «Herr Verteidiger, Ihre Rechtskenntnisse sind erschreckend.» Worauf er einen Ablehnungsantrag des Angeklagten erntete, über den jetzt ein Richterkollege entscheiden mußte. Dem dürfte das kaum schwergefallen sein, hatte der Verteidiger doch noch folgende Erklärung beigesteuert:

Die Äußerung des Herrn Vorsitzenden, meine Rechtskenntnisse seien erschreckend, ist zutreffend.

Was Unmut angeht, haben Polizeibeamte es leichter. Sie brauchen kein Blatt vor den Mund zu nehmen, wenn sie ihr Herz einmal dem zuständigen Staatsanwalt ausschütten möchten. Alles außerhalb der Akten natürlich, notfalls in einem vertraulichen Vermerk.

Der Beschuldigte machte bei der Vernehmung auf die Unterzeichnerin in seiner Art einen sehr «schleimigen» und «soften» Eindruck. Seine Augen hatten einen «schmachtenden» und starren Ausdruck. Die Unterzeichnerin fühlte sich in seiner Gegenwart äußerst unwohl. Sie hatte den Eindruck, mit «Blicken ausgezogen zu werden».
Im Volksmund würde man den Beschuldigten wohl so beschreiben, daß «Genie und Wahnsinn» dicht beieinander liegen. Auf

der einen Seite übt er einen qualifizierten Beruf aus, auf der anderen Seite kam er der Unterzeichnerin dermaßen weltfremd vor, daß sie teilweise dachte, es mit einem «Bekloppten» zu tun zu haben.

Eine keineswegs schöne, aber völlig unspektakuläre Körperverletzung war es, die in einer Anklage zum gezielten Angriff auf das Zentralorgan eines Bauchredners geriet.

... indem der Angeschuldigte den Geschädigten in den Magen schlug, so daß dieser für einige Sekunden keine Luft mehr bekam.

Für die Artikulation müssen dann eben andere Körperteile herhalten. Möglich ist das:

Die Beschuldigte biß dem PHM Müller in den linken Knöchel, welcher schmerzhaft aufschrie.

4. Polizei

Wenn die Polizei zum Tatort eilt, ihn «anfährt», wie sie gern formuliert, wünscht man ihr vor allem eines: gute Bremsen.

Unverzüglich wurde der Tatort aufgesucht und dort konkret die Telefonzelle angefahren. Folgendes mußte danach festgestellt werden: Die beiden Glasfüllungen der Zelleneingangstür sowie die untere Scheibe des rechten Seitenteils lagen im Inneren der Telefonzelle.

Dabei sind Telefonzellen durchaus robust, wie diese etwas nachlässig geführte Schlägerei bewies:

Nach Aussage des Erwin Fröchtenicht wollte er dann telefonieren, als plötzlich der Lukas Hau neben ihm stand und, seinem alkoholisierten Zustand angepaßt, nach dem Fröchtenicht mehrfach schlug, ihn aber nur einmal am Hals traf. Außerdem trat er ihm gegen den Oberschenkel. Die anderen Schläge und Tritte mußte die Telefonzelle ertragen, überstand dies aber ohne bleibende Schäden.

Das wirklich Dienstliche an einer Dienstfahrt ist es, das auch dem unbefangenen Leser ins Auge springt, springen sollte.

Am 8. Juli, kurz nach 02.00 Uhr, befanden sich Polizeikommissar Meier und Unterzeichner auf dem Rückweg von einem Einbruch in Finsterberg.

Umgekehrt freut man sich, wenn wenigstens die eigene Dienststelle verschont bleibt.

Der Beschuldigte ist auf der hiesigen Dienststelle strafrechtlich noch nicht in Erscheinung getreten.

Die Polizei, dein Freund und Helfer, so heißt es. Und auch: der Hund, treuester Freund des Menschen. Wieviel Gutes muß herauskommen, wenn beide in einem Fall zum Einsatz kommen.

Zunächst einmal entspricht es beachtlicher Fürsorglichkeit, wenn die Polizei spätnachts noch auf den Straßen wacht und schaut, ob man wirklich fahrtüchtig ist. Selbsteinschätzungen von betankten Autofahrern liegen da ja bekanntlich nur zu gern neben der Sache.

Als der Fahrer die Tür öffnete, kam uns schon der Geruch von Alkohol entgegen. Dem Fahrer wurde der Zweck unserer Maßnahme mitgeteilt und er wurde aufgefordert, seinen Führerschein und seine Zulassungspapiere vorzuzeigen. Der Fahrer stieg aus dem Fahrzeug, um an seine Brieftasche zu gelangen. Er schloß die Fahrertür und suchte nun nach seinem Führerschein.

Der aber befand sich noch im Auto, und bevor die Polizei etwa auf die Idee kommen konnte, das gute Stück einzukassieren, sprang dem in Bedrängnis Geratenen sein treuer Freund bei.

Im Fahrzeug auf der Rückbank saß ein kleiner schwarzer Hund. Der sprang von innen gegen die Fahrertür und verriegelte diese von innen. Der Zündschlüssel steckte noch im Zündschloß. Der Fahrer hatte nur seine Brieftasche mit seinem Personalausweis in der Hand.

Schade nur, daß Herrchen das feinmotorische Kunststück seines Lieblings gar nicht mitbekommen hatte.

Der Fahrer schien dann an sich selbst zu zweifeln und fragte uns, wie das sein könne, denn er hatte das Fahrzeug ja nicht verschlossen!

Keinerlei Zweifel hinterließ das Pusten am mobilen Alcomaten: 1,35 Promille. Also, ab aufs Revier zur Blutprobe.

Im Anschluß an die Blutentnahme bat uns der Beschuldigte, ihm beim Öffnen des Fahrzeugs behilflich zu sein. Auch der Wohnungsschlüssel befand sich noch im Fahrzeug.

Die Polizei half jetzt nur zu gern, galt es doch nun in der Tat, den Führerschein sicherzustellen. Das Auto aber erwies sich als solide Verschlußsache, und so rief man auf Wunsch des Beschuldigten einen Abschleppdienst, der den Pkw professionell und profitabel knackte. Da war die Dankbarkeit natürlich groß.

Der Beschuldigte wollte uns einen Kuß geben, worauf wir aber verzichteten.

Im nächsten Fall klingelte die Polizei sogar zu Hause, um den Führerschein eines Beschuldigten einzustreichen. Der zeigte sich zwar alles andere als begeistert …

Aber sein Bruder schickte ihn los, sofort den Führerschein zu holen, und unterhielt sich währenddessen mit uns. Nach ca. 10 Minuten war der Beschuldigte noch nicht von der Suche zurückgekehrt. Wie wir feststellten, hatte er nicht nur seinen Führerschein, sondern auch das Weite gesucht, welches er, im Gegensatz zu seinem Führerschein, auch fand. Der Beschuldigte ward an diesem Abend nicht mehr gesehen.

Den Gefahren des Straßenverkehrs gemeinsam zu trotzen, das war das Anliegen von Hund und Herrchen im folgenden Fall. So gelang es zwei Polizeibeamten weder mit guten Worten noch mit solider Hebeltechnik, den sich sträubenden Fahrer aus dem Auto zu hieven, wobei er tatkräftig von seinem bellenden Pitbull unterstützt wurde.

Wer der Polizei allerdings derart die Stirn bietet, darf sich nicht wundern, wenn er genau damit die Zielrichtung für weitere Maßnahmen vorgibt.

Nach Androhung des Einsatzes von Pfefferspray gegen den Beschuldigten sowie gegen den Hund sprühten die Beamten Pfefferspray in deren Gesichter.

Während Pitbull sofort aufgab, schlug Herrchen noch rasch einem Beamten aufs Auge. Klar, daß die Chemie nun nicht mehr stimmte.

Bedingt durch das an den Händen des Beschuldigten befindliche Pfefferspray schwoll nach dem Schlag des Beschuldigten das linke Auge des Beamten an und begann stark zu schmerzen.

Als zwischen zwei Schülergruppen die Tätlichkeiten nicht abreißen wollten, wurde die Polizei zu Rate gezogen. Zwar stand bald fest, daß auch zwischen diesen Schülern die Chemie nicht stimmte.

Aber leider konnte kein abschließendes Lösungsmittel genannt werden.

Eine alte und doch ewig junge Regel besagt: Wer bei der Polizei wirklich dichthält, dem ist so schnell nichts nachzuweisen.

Es bestand der Verdacht, daß der Beschuldigte den Pkw unter dem Einfluß von Betäubungsmitteln geführt haben könnte.
Mit der Durchführung eines Urin-Testes erklärte er sich einverstanden. Jedoch auch nach Aufnahme von ca. 2 Liter Wasser war eine Urinabgabe nicht möglich.

Bei der Polizei dichthalten und nur vor dem zuständigen Staatsanwalt aussagen zu wollen, das ist die erklärte Absicht so mancher Beschuldigter im Polizeiprotokoll. Vielleicht kennt man den Herrn Staatsanwalt und seine Marotten ja bestens aus früheren Verhandlungen und möchte mit profundem Wissen beeindrucken. Die Erklärung in diesem Protokoll lautete jedenfalls:

Ich will nur vom Staatsanwalt aussagen.

Ein Tankstelleninhaber, der in kurzer Zeit zweimal Opfer nächtlicher Einbrüche geworden war, hielt mit fußfestem Rat an die Polizei nicht hinter dem Berg:

Sollten Sie die Täter fassen, versetzen Sie diesen bitte zumindest mehrere kräftige Tritte ins Hinterteil für meine zwei schlaflosen Nächte (mit trotzdem arbeitsreichem Programm am Folgetag) und für die Ängste meiner Gattin.

Spät angesetzte Zeugenvernehmungen erfordern offenbar ganz besondere Vorkehrungen. Vorladung der Polizei:

Anlaß (Straftat / Ordnungswidrigkeit, Tatort, Tatzeit,)	Diebstahl von Geld aus Wohnung
Zweck (Beschuldigten- / Betroffenen- / Zeugen-vernehmung, Erkennungsdienstliche Maßnahmen)	Ihre Zeugenvernehmung
Termin	Donnerstag, den 02.11.2000 um 21.00h
Örtlichkeit	Polizeiinspektion Germersheim
Erbetene Unterlagen	Bitte bringen Sie ihre Ehefrau mit.

Mit freundlichen Grüßen

Wie im Wilden Westen kann auch heute noch eine interessante Frage sein, wer wohl zuerst zieht. Brief an einen Ermittlungsrichter:

Sie waren doch derjenige, der einen Haftbeschluß gegen mich erließ, weil ich zwei in krimineller Absicht bei mir zu Hause erschienenen sogenannten Polizisten in voller Rechtmäßigkeit entgegen trat, um diese, was mir nur knapp mißlang, zu entwaffnen und einzusperren.

Besser also vorbeugen?

Unter Vorhalt einer Maschinenpistole gab es bei der Festnahme keine Unregelmäßigkeiten und keinen Widerstand.

Doch nicht immer ist schweres Geschütz vonnöten.

Im Restaurant wurde mir der Festzunehmende gezeigt, welcher an einem Tisch mit zwei Damen saß. Der Festzunehmende hatte gegessen und getrunken. Er war satt und friedlich.

Sensibilität ist auch bei der Polizei ein hohes Gut. Schön, wer es sich im harten Berufsalltag bewahren kann.

Bei der Kontrolle des Passes gegen 22.50 Uhr kam es von der Beschuldigten zu der Äußerung: «Daß ich mir eine solche Behandlung durch diesen jungen Spinner gefallen lassen muß.»
PM Dotter fühlte sich durch diese Äußerung in seiner Ehre gekränkt und in seinem Wohlbefinden beeinträchtigt. Gegen 01.15 Uhr wurde von PM Dotter wegen Unwohlseins der Dienst abgebrochen.
PM Dotter stellt Strafantrag wegen Beleidigung und wegen vorsätzlicher Körperverletzung.

Hier nun ließ jemand seiner Empfindsamkeit freien Lauf.

Bei Neubestellung eines Glas Bieres brachte ich mein geleertes Glas zur Theke zurück, wobei ich neben dem Anzeigesteller stand und ihn ganz nebenbei und ohne Tücke daran erinnerte, daß seine Freundin schon einmal hier gewesen und vergeblich auf ihn gewartet habe. Zu diesem Zeitpunkt war ich nur mäßig angetrunken.
Statt meine trunkene Bemerkung nur einfach anzuhören, beleidigte mich der Anzeigesteller gröblicherweise, indem er mich entweder als Verbrecher oder als Vorbestrafter anpöbelte! Sinngemäß etwa mit den Worten: «Was willst du (Verbrecher oder Vorbestrafter) denn schon von mir!»

Diese absichtliche Beleidigung hat mir dermaßen die Sinne ver-
wirrt, daß ich impulsiv und blindlings den Anzeigesteller vom
Barhocker gezogen und ihn ob seines Widerstands geschlagen
habe!

In Fachkreisen wird die Einführung der elektronischen Akte
diskutiert. Aber schon jetzt zeigt sich an der heiklen Nahtstelle
zwischen Polizei und Staatsanwaltschaft, daß ein Zuviel an
Technik nur von Übel ist.

Das Ermittlungsverfahren sollte hier abgeschlossen und der
Staatsanwaltschaft zur Entscheidung übersandt werden. Nach
Fertigung der Unterlagen begab ich mich zum Kopiergerät und
beabsichtigte, den Vorgang zu kopieren. Hierbei passierte mir
ein Mißgeschick, indem ich den Vorgang nicht in das Kopierge-
rät einlegte, sondern in den Reißwolf schob. Erst als ich das Ge-
räusch des Schredders vernahm, wurde mir bewußt, daß ich
vor dem Reißwolf stand. Der gesamte Originalvorgang ist daher
vernichtet worden.
Eine nähere Begründung für die Verwechslung von Kopierer
und Schredder kann ich nicht abgeben.

Um die Gefräßigkeit behördlicher Reißwölfe wußte auch dieser
Bürger, in dessen Äußerung die Befürchtung anklingt, Eingaben
ohne ausreichende Begründung könnten womöglich gleich im
besagten Schlund landen.

Da mir noch Unterlagen fehlen, bitte ich um Frißt Verlänge-
rung.

Im übrigen ist schon erstaunlich, wohin Akten so geraten können. Eine Staatsanwaltschaft:

Die Akte kam hier ohne Zuleitungsverfügung in den Einlauf. Es
handelt sich offensichtlich um eine Fehlzuleitung.

5. Unwahres trifft einfach nicht zu

Manche Taten hat man nur angeblich begangen. Oder dies zumindest versucht.

Hiermit äußere ich mich zum Tathergang Denn ich vergeblich begangen haben soll.

Wer einen anderen anzeigt, obwohl er genau weiß, daß der keine Straftat begangen hat, wer also zu Unrecht eine Strafverfolgung begehrt, der macht sich einer falschen Verdächtigung schuldig (§ 164 StGB). In ebendiese Richtung schien der Argwohn einer Rechtsanwältin zu gehen, als sie am Ende einer auftragsgemäß erstatteten Strafanzeige durchblicken ließ:

Meine Mandantin begeht Strafverfolgung unter allen rechtlichen Aspekten.

Bei Mandanten, die ständig Opfer übler Nachrede werden, ändert sich schließlich auch die juristische Diktion.

Wir erstatten namens unseres Mandanten Anzeige wegen falscher Verdächtigung und üblicher Nachrede.

Manchen Aussagen steht bereits auf der Stirn geschrieben, daß sie so nicht stimmen können.

Die Beschuldigte stellt wahrheitswidrige und ehrrührige Behauptungen über meinen Mandanten auf. So behauptet sie, er befinde sich im Knast und würde nackt mit Ständer durch das Haus laufen.

Eins geht ja wohl nur.

Ob nun mit oder ohne Anwalt, das Wichtigste ist, Abwegiges schon bei der Polizei zurechtzurücken.

In dem Telefonat beleidigte mich die Beschuldigte außerdem mit den Worten: «Du fette Sau, du bist eine Hure.»
Dies stimmt nicht. Ich bin geschieden.

Plausible Gründe, beleidigt zu reagieren, finden sich relativ leicht.

Tanja gab nach Belehrung an, daß sie von der Nadine beleidigt worden sei. Nadine habe zu ihr gesagt, sie solle doch mit ihrem Vater ficken. Da ihr Vater bereits verstorben sei, habe sie sich in ihrer Ehre verletzt gefühlt und der Nadine eine runtergehauen.

Wie hieß es doch in einem Schüleraufsatz zu Artikel 1 Grundgesetz und Menschenwürde:
Die Ehre des Menschen ist unergründlich.

In unschöner Regelmäßigkeit werden Leute bei der Polizei angeschwärzt. Doch die läßt sich nicht alles weismachen.

Es stellt sich die Frage: «Wurde gegen Peter Heine integriert?»

Solchen Fragestellungen ist nur mit scharfsinniger Analyse beizukommen.

Durch den Anzeigeerstatter werden unwahre Tatsachen behauptet, obwohl diese nicht im geringsten zutreffen.

Und die Staatsanwaltschaft bemerkte richtig:

Der Beschuldigte gibt an, daß hier möglicherweise eine Denontiation vorgelegen habe.

So verwundert kaum, daß jemand den Vorwurf eines Diebstahls als glatte

empfand.

In manchen Vernehmungen wird eben viel Mist erzählt, sogar fuderweise, wie die Polizei feststellte:

Der Anzeigeerstatter hat in seiner neuen Aussage offensichtlich nachgekarrt.

So müssen wir damit leben, daß einzelne Privatanzeigen schlicht falsch sind und an sich zu korrigieren wären. Eine solche Richtigstellung einmal mitzuerleben, dürfte nicht allein das Herz eines Oberstaatsanwalts erfreuen:

Ich habe mein Auto nicht wegen versuchtem Diebstahl angezeigt, sondern wegen Sachbeschädigung.

Im übrigen keine Sorge: Wer in einem Kriminalfall gegebenenfalls welchen Senf dazugibt, das registriert unsere Polizei schon sehr genau.

Nach verbalem Streit bespritzt Wurstverkäufer den geschädigten Karussellhelfer mit Senf (mittelscharf) und droht ihm mit körperlicher Beeinträchtigung nach Feierabend.

Und ein behutsamer Umgang mit dem, was lediglich wahr sein könnte, ist ohnehin selbstverständlich.

Im Rahmen der bislang durchgeführten Ermittlungen erhärtete sich zunehmend der Verdacht, daß die von der Beschuldigten gemachten Angaben der Richtigkeit entsprechen dürften.

Spätestens bei Gericht landet dann alles in trockenen Tüchern, gilt hier doch unverbrüchlich der alte Rechtssatz: Im Zweifel für den Angeklagten.

Aus den Urteilsgründen:

Es konnte eine relativ milde Geldstrafe verhängt werden. Für den Angeklagten sprach, daß er – wenn überhaupt – nur ganz geringfügig an der Tat beteiligt war.

Wer allerdings schon viel auf dem Kerbholz hat und immer noch beim selben Richter arbeiten läßt, der sollte dringend über Luftveränderung nachdenken.

Aus der Berufungsbegründung eines Angeklagten:

Hier beim Amtsgericht wurde wieder nach dem Prinzip der Vorbestraftheit geurteilt.
Ich lehne Richter Weisnas ab, heute und für alle Zeiten als befangenen Richter ab. Es kann nicht sein, daß ein Richter zur Staatsanwältin sagt: «Es hätte mich auch aus der Fassung gebracht, wenn der Angeklagte das hier heute zugegeben hätte.»
Ich habe erstens nichts zuzugeben und bin zweitens auch nicht da, um vor Richter Weisnas irgend etwas zuzugeben. Ich wurde zu einer Gerichtsverhandlung geladen, nicht zu einer Diskussionsrunde unter alten Bekannten.

Und einer, der schon kommen sah, daß im Berufungsverfahren doch nur wieder der Richter erster Instanz bestätigt werden würde:

Da reißt doch eine Robe der anderen keinen Knopf ab!

6. Anwälte

Wer als Anwalt eine gediegene Juristensprache pflegt, läßt auch heutzutage noch gern die eine oder andere lateinische Wendung einfließen. Hauptsache nur, seine Schreibkräfte wissen, wovon der Chef da spricht.

So wurde aus einem spiritus rector, also dem geistigen Urheber einer bestimmten Aktion,

ein Spiritusrektor,

mit anderen Worten so eine Art alkoholkranker Grundschulleiter.

In einem Bauprozeß verblüffte ein Anwalt mit der Behauptung:

Hätte der Beklagte nicht so viel Sand vorgetragen, dann ...

Diktiert hatte er allerdings: Hätte der Beklagte nicht so süffisant vorgetragen ...

Es klingt seltsam, aber einem Anwalt steht gut an, beim Diktieren das Wichtigste für sich zu behalten. Sonst kann das Gericht plötzlich Gedanken lesen.

Aus einer Klageschrift:

...
Beweis: Parteivernehmung. Sollte mich aber wundern, wenn das Gericht mir das abnimmt.

Auch ein Staatsanwalt sollte innerdienstliche Geheimnisse nicht einfach so am Diktiergerät ausplaudern.

Anklageschrift
Fritz Bohne, geboren am 12. 3. 1963 in Passau, wohnhaft Stan-
genstraße 14 in Hochstedt, ledig, Deutscher, das ist unser be-
rühmter Gandhi, der wird so genannt, weil er so dürr ist,
wird angeklagt, …

Soll ein Anwalt über Internes berichten, so muß ihn erst sein
Mandant von der Schweigepflicht befreien. In einem Hauptverhandlungsprotokoll las sich das so:

Der Anwalt wurde von seinem Mandanten entbunden.

Die Justiz steht da nicht nach. Als ein Richter eine hochschwan-
gere Zeugin telefonisch von einem Termin befreite, muß er dabei
zugleich den Hinderungsgrund beseitigt haben. Denn auf dem
Schwangerschaftsattest in den Akten war anschließend zu lesen:

telefonisch entbunden

Während Hebammen nach Vollendung des 70. Lebensjahrs
nicht mehr beruflich aktiv sein dürfen, unterliegen Anwälte insoweit keiner Beschränkung.

So mochte der Anwalt dieser Bürgerin zwar durchaus schon Anzeichen von Verkarstung aufgewiesen haben, ihr geharnischter
Protest an die Rechtsanwaltskammer ging trotzdem ins Leere:

Es kann nicht sein, daß Rechtsanwalt Hinke ein derartiges Ver-
alten an den Tag legt und keinerlei Konsequenzen fürchten
muß!

Plötzliche Erkrankung oder renitenter Prozeßgegner – was war
wohl gemeint, als hier von einem

Schlaganwalt

die Rede war?

Hüftprothesen werden aus härtesten Materialien hergestellt, warum nicht auch anderes?

Ein Anwalt:

So war ja damit zu rechnen, daß Abnutzungserscheinungen an der Holzwirbelsäule eintreten können.

Was Therapieerfolge angeht, mißtrauen Anwälte unserem Gesundheitssystem ohnehin gründlich.

Eine eitergehende Stellungnahme erfolgt nach Rückkehr meiner Mandantin von ihrem Kuraufenthalt.

Und der war in

St. Peter Ordnung,

nicht etwa in St. Peter-Ording.

Skepsis übrigens auch beim Patienten selbst:

Ich wurde erst kürzlich lebensbedrohlich operiert.

Ihren Arzt hatte die Mandantin sicherlich nur ambulant aufgesucht, keinesfalls aber wurde sie dort das, was ihr Anwalt später behauptete, nämlich

am Buhland operiert.

Zweifellos herrscht so etwas wie eine Anwaltsschwemme. Pflichtverteidigungen werden da nicht ungern übernommen. Mag auch sein, daß zuweilen um die Gunst von Mandanten regelrecht gebuhlt wird. Was aber hier ein Haftrichter über einen Vorführungstermin in die Akten schrieb, dürfte anwaltliches Gebaren (noch) überbewerten.

Im Rahmen der Verführung hat der Beschuldigte erklärt, daß er zu Rechtsanwältin Busemann kein Vertrauen habe und deshalb lieber von Rechtsanwalt Hartdegen vertreten werden will.

Eine behutsame Hand bei der Pflichtverteidigerbestellung ist schon vonnöten, wenn sich niemand verletzt fühlen soll.

Sie haben mir als Pflichtverteidiger RA Dr. Memmenbart zuge-fügt, ich möchte aber lieber von RA Linkfüchser verteidigt wer-den.

Auch sorgt nur für böses Blut, wenn später ein Staatsanwalt plötzlich meint, der Pflichtverteidiger gehöre abgesägt und aus-getauscht.

Bedenkt man, welch hohe Begründungsqualität erforderlich ist, um einem Angeklagten nach dem 28. Verhandlungstag den Ver-teidiger seines Vertrauens zu nehmen, dann kann die Initiative des Staatsanwalts von mir – und dabei muß ich betonen, daß ich ein Freund der feinen Rhetorik bin und die Anwendung von Vulgärsprache verabscheue – nur als fruchtloser Versuch des «An-pissens» eines von ihm offensichtlich wenig geschätzten Verteidi-gers gewertet werden.

Einigermaßen pikiert dürfte auch jener Verteidiger dreinge-schaut haben, den seine Mandantin fragte:

Sagen Sie mal, machen Sie eigentlich nur Straftaten?

Aber weniger einem zweifelhaften Nebenerwerb galt ihr Inter-esse als vielmehr der Frage, ob ihr Verteidiger, seines Zeichens Fachanwalt für Strafrecht, auch ihre Mietsache übernehmen könne.

Ist die Mandantschaft nicht besonders flüssig, findet ein Anwalt womöglich erst über die Prozeßkostenhilfe zu angemessenem Elan.

Der Unterzeichner ist bereit, an der gründlichen Aufarbeitung dieses Falles mitzuwirken, sobald er als Prozeßbevollmächtigter beigeordnet worden ist. Ich bitte die Kammer, kurzfristig über

den Prozeßkostenhilfeantrag zu entscheiden, damit die Arbeits-
freude des Unterzeichners gesichert ist und dem Kläger kein Un-
recht geschieht.

Ein solides Mandat beruht auf der vertrauensvollen Kommunikation und Abstimmung zwischen Anwalt und Klient. Die
sicherlich schwierige Situation der U-Haft führt indes schon
mal dazu, daß Mandanten plötzlich nur noch auf eigene Strategien setzen.

So hielt ein Verteidiger einen Brief an einen inhaftierten Mandanten schon kurz nach Absendung wieder in Händen. Auf dem
Umschlag stand auch, warum:

z. Zt. flüchtig!

Offen artikulierte Unzufriedenheit mit dem Verteidiger, ge-
paart mit forscher Eigeninitiative, das nimmt meist kein gutes
Ende.

Erneutes Schreiben eines Angeklagten an das Gericht:

Ich bestehe auf der Berufung, denn ich habe nur den Rechtsan-
walt zurückgenommen, nicht die Berufung!
Hier handelt es sich einwandfrei um einen Irrtum, der revidiert
werden muß, denn es kann kein Mensch durch einen Irrtum zum
Vorbestraften gemacht werden.

Wenn es andererseits im Zivilprozeß auch ohne Anwalt gut gelaufen ist und man als juristischer Laie die Gegenseite nachhaltig
zu beeindrucken gewußt hat, warum dann nicht auch mal stolz
damit prahlen?

Und die Reaktion des Klägers und seines Rechtsanwalts auf
meine Ausführungen im Prozeß? Beide tippten Beifall bezeu-
gend an ihre Stirn!

Wie formulierte doch ein Anwalt:

Meine Mandantin besitzt einen Intellekt, der sich nicht auf-drängt.

Von der Endlichkeit eines Mandats kündete auch dieses Schreiben einer streitbaren Frau an ihren geschiedenen Mann:

Beweis: Drei diesbezügliche Schriftsätze

1. vom 19. 1. 07, Dein RA an den noch meinen
2. vom 22. 2. 07, an Deinen RA von mir
3. vom 26. 2. 07, Dein RA an noch meinen

«Zur Zivilakte ist zu bemerken, daß dort nicht die Wahrheit an sich, sondern ein zivilrechtlicher Sachverhalt zugrunde liegt.» Mit dieser Bemerkung in einer Strafanzeige wegen Prozeßbetruges traf ein Bürger den Nagel auf den Kopf. Denn in der Tat findet im Zivilprozeß, anders als im Strafverfahren, in der Regel keine Wahrheitsermittlung von Amts wegen statt. Vielmehr formen und bestimmen die Parteien im wesentlichen selbst den für das Gericht maßgeblichen Sachverhalt, und zwar durch das, was sie vortragen und der Klärung für wert erachten, aber auch durch das, was sie bestreiten oder eben nicht bestreiten.

Diese Spielregeln scheinen geeignet, Anwälte zuweilen um den Verstand zu bringen.

Die Beklagten verlegen sich nunmehr auf die als ausgesprochen dürftig zu bezeichnende Verteidigung, alles zu bestreiten. Dabei scheuen sich die Beklagten bezeichnenderweise nicht einmal, auch unstreitige Tatsachen zu bestreiten.

Wenn man dann auch noch den Prozeß verliert und ein auswärtiger Kollege den Sieg davonträgt, nimmt man dessen Kostenaufstellung, insbesondere die Hotelrechnung, schon mal genauer unter die Lupe.

Ein «Stern», Shampoo, Zeitungen, Campari etc. sind sicher-
lich nicht erstattungsfähige Kosten. Zur zweckentsprechenden
Rechtsverfolgung dürfte es wohl kaum notwendig sein, Campari
zu sich zu nehmen.

Notwendig nicht, aber offensichtlich hilfreich.

7. Wer den Schaden hat

War er sonst ein eher friedlicher Zeitgenosse, so benahm er sich diesmal gründlich daneben, der bis dato so geschätzte Hausfreund.

Wir gerieten dann bis an die Couch. Herbert versuchte mich dort flach zu legen. Er stand halb gebeugt und halb liegend auf mir und versuchte mir die Unterhose auszuziehen. Dies ist ihm nicht gelungen.

Aber weniger wegen der akrobatischen Haltung als vielmehr aus zwei Gründen.

Erstens:

Nun kam mein Mann in die Wohnung.

Und zweitens:

Der Herbert war voll wie tausend Mann.

Voll wie tausend Frau, das sagt man wohl nicht, aber es lief fast darauf hinaus. Aus einem Polizeibericht:

Die Müller stand deutlich unter Alkoholeinwirkung und konnte sich nicht mehr allein anziehen. Hierbei war ich ihr behilflich. Die Kleidungsstücke, die sie nicht anziehen konnte (Unterhose, Büstenhalter, Schuhe sowie ihre Uhr und ein Zwei-Eurostück) steckte ich in eine Plastiktüte und gab sie den Sanitätern mit.

Es ist aber nicht immer der Alkohol.

Im Rahmen eines Einsatzes bezüglich Hilflosigkeit wurde festgestellt, daß diese vermutlich eine Konsumeinheit Heroin zu sich genommen hatte.

In solchen Fällen wird dann meist genauer nachgeschaut.

Beim Beschuldigten wurde im Gürtel eine Digitalwaage gefunden. Im Fellsäckchen, welches er in der Unterhose versteckt hatte, wurden Amphetamin und Haschisch gefunden.

Mieten und Nebenkosten steigen. Zahlungsschwierigkeiten mit Mietern vermeidet da am ehesten, wer auf betuchte Vertragspartner setzt. Die richtige Auswahl fällt indes nicht immer leicht, hält man sich doch bei Vertragsabschluß meist noch bedeckt. Der Anwalt des Vermieters:

Die Beschuldigten hätten die heutigen Probleme mit einer Strafanzeige wegen Betruges nie bekommen, wenn der Heizungsverbrauch in der damaligen fast 90 qm großen Wohnung normal geblieben wäre. Die Beschuldigten sind jedoch als begeisterte Anhänger der Freikörperkultur ständig nackend in der damaligen Wohnung herumgelaufen und haben deshalb einen exorbitant hohen Heizungsverbrauch verursacht, den sie nicht bezahlen konnten.

Ich weiß nicht, wie Sie das sehen, aber unbetuchter ging es nun wirklich nicht mehr.

Nicht nackt, aber ausgezogen war diese Mieterin, nachdem sie einfach fristlos gekündigt hatte. Für den Anwalt des Vermieters Anlaß genug, sich ernsthaft Sorgen um das Befinden der umtriebigen Frau zu machen.

Neben dem Rechtsstreit zur Berechtigung der fristlosen Kündigung muß ein weiterer Rechtsstreit angestrengt werden angesichts der Tatsache, daß die Beklagte unstreitig die Wohnung verlassen hat, und zwar in einem vollkommen desolaten Zustand.

Wer aus bestimmten Gründen meint, im Exemplar seines Mietvertrages den Passus über die Mietkaution tilgen zu sollen, sich später aber genötigt sieht, das Original nach Kräften wiederherzustellen, sollte ruhig mal in den Duden schauen. «Geschrieben wie gehört» ist zwar eine beliebte Rechtschreibregel, forciert aber zweifellos auch den Abschluß strafrechtlicher Ermittlungen.

Miet Rautsjon

Aufgeschreckt durch eine mysteriöse Vermißtenmeldung, rückte die Polizei aus.

Als wir um 11.30 Uhr vor Ort eintrafen und gerade ausgestiegen waren, stürzte eine männliche Person aus dem Anwesen auf uns zu und begrüßte uns lautstark mit dem militärischen Gruß. Es stellte sich heraus, daß es sich um Herrn Dr. Fäustel handelte, der hier eine Tierarztpraxis betreibt.

Dr. Fäustel teilte uns dann mit, daß seine Frau seit gestern abend 22.00 Uhr mit den beiden Kindern weg wäre. Seine Frau sei sexsüchtig, und er wisse, da er in gedanklicher Verbindung mit seiner Frau stehen würde, daß sie es in der letzten Nacht siebenmal mit fremden Männern getrieben habe, während er sich deshalb siebenmal selbst befriedigen mußte; deshalb sei er jetzt auch so blaß.

Nun würde er sich auf halb vier Uhr freuen, da er dann auf Premiere Fußball, und zwar 1860 München gegen Berlin, schauen würde; hierbei wolle er sich ein paar halbe Bier, 5–6 Bier, einverleiben.

Auf die Frage, ob er Alkoholiker sei, gab er an, daß er Trinker gewesen, jetzt jedoch trocken sei.

Selbstverständlich trocken, denn was waren sechs Bierchen schon für unseren Doktor, der doch auch sonst Wirkung immer erst ab Stückzahl sieben zeigte.

Und da ist er schon, der nächste Einsatz.

Hinweis auf angeblichen Einbruchsdiebstahl aus Appartement.

Sachverhalt: Der verwirrte Willke gab an, daß aus seinem Appartement ein Stichwort entwendet wurde. Dieses wurde in unserem Beisein vom Betroffenen wiedergefunden. Kein ED. Keine weiteren Maßnahmen.

Eine Adresse, die man sich merken sollte.

Die Wohnanschrift des Anrufers wurde angefahren. Er stand offensichtlich unter Alkoholeinfluß und berichtete, daß gegen 16.00 Uhr zwei ihm unbekannte, bewaffnete Personen durch die geschlossene Tür auf unbekannte Weise in sein Appartement eingedrungen seien. Eine Person sei sein Zwillingsbruder, den er aber nicht kenne. Dieser käme von einem Schloß in Schlesien und wollte ihn umbringen.
Die Appartementtür wurde überprüft. Keine Beschädigungen. Schloß ebenfalls voll funktionstüchtig.
Keine weiteren Maßnahmen, da Person offensichtlich geistig verwirrt, was in diesem Haus ja öfter vorkommt.

Die Anforderungen an die Beamten im Einsatz sind durchaus vielschichtig, bisweilen schillernd.

Gegen 17.15 Uhr erschien in der Polizeistation ein Zeuge und teilte einen Fall von Straßenverkehrsgefährdung mit. Der Sachverhalt konnte aber nicht weiter erörtert werden, da die Besatzung zur sexuellen Belästigung von Kindern zum Stausee gerufen wurde.

Im nächsten Fall blieb der Polizei nichts anderes übrig, als eine Beschuldigte mit zur Wache zu nehmen.

Dies verweigerte sie jedoch und äußerte, nicht freiwillig mitkommen zu wollen. Da ihr Gesamtverhalten stark aggressiv war, versuchten wir, sie zu fesseln. Dies versuchte die Beschul-

digte zu verhindern, indem sie die Arme vorm Körper ver-
schränkte und sich gegen die Fesselung wehrte. Sie wurde dann
gegen ihren Willen mit einfacher körperlicher Gewalt gefesselt.
Wie anschließend geruchlich festzustellen war, kotete sie hierbei
offensichtlich ein.

Ob dies nun ein Widerstand gegen Vollstreckungsbeamte war,
würde abschließend die Staatsanwaltschaft zu entscheiden haben. Dankenswerterweise machte der Dienstvorgesetzte der
Polizisten aber noch auf einen anderen Aspekt aufmerksam, den
man sonst wohl übersehen hätte:

Nach Angaben der eingesetzten Beamten liegt keine versuchte
Körperverletzung der Beschuldigten vor. Die Geruchsbelästi-
gung durch Einkotung soll sich noch im Rahmen einer üblichen
Belästigung dargestellt haben und sei offensichtlich aus Angst
und anscheinend nicht in der Absicht erfolgt, die eingesetzten
Beamten durch Hervorrufen von Übelkeit oder Unwohlsein zu
verletzen.

Hier dagegen klang es schon verdächtig nach Vorsatz:

Nur durch mehrere Faustschläge gelang es, den Beschuldigten zu
fesseln und den Widerstand zu brechen. Dabei hat der Beschul-
digte seine Exkremente in die Hose abgelassen.

Es gibt jedoch auch Fälle, in denen selbst für das geschulte Poli-
zeiohr letzte Unsicherheiten bleiben.

Herr Fahrig macht einen ungepflegten Eindruck. Es riecht in der
Wohnung streng nach Urin. Der Fußboden ist klebrig. Während
unseres Aufenthalts läßt er mehrfach unüberhörbar anal (min-
destens) Luft ab.

Fachärztliche Atteste sorgen dafür, daß wenigstens die Gerichts-
säle verschont bleiben.

Aus medizinischer Sicht besteht für den Patienten Verhandlungs-
unfähigkeit. Schwindel- und Scheißausbrüche erlauben ihm nur,
zum Arzt die Wohnung zu verlassen.

Als man nach einem Grundstückskauf um die Tücken einer
Klärgrube stritt, diese jedoch in der Schadensersatzklage
zur

Klägergrube

avancierte, konnte man das Zögern der Gegenseite schon verstehen: erst mal abwarten, wem hier wohl der Reinfall drohte.

Selbstverständlich prüft die Polizei stets sehr gewissenhaft, ob
alle Tatbestandsmerkmale eines Delikts wirklich erfüllt sind.
Das gilt gerade für die nicht ganz so alltäglichen Straftaten, wie
beispielsweise die Störung der Totenruhe, § 168 StGB.

Welches Rechtsgut wollte der Gesetzgeber hier eigentlich ge-
schützt wissen? Daß niemand das sanfte Ruhen der Toten stört?
Oder doch eher, daß die dafür erforderliche Ruhe auf dem
Friedhof herrscht? Egal, auch für letzteres gab der Sachverhalt
was her:

Der Beschuldigte warf auf dem Ostfriedhof einen Grabstein um.
Dabei verursachte er Lärm.

Anderes geschieht in aller Stille.

Es fällt auf, daß in der Auflistung ein Holzteller mit Intarsienar-
beiten fehlt des Tischlermeisters Dörrkopp, der bis zum Tod der
Erblasserin stets in deren Wohnzimmer an der Wand hing. Das
war das Meisterstück des Tischlermeisters.

Kleinkünstler sind ebenfalls oft wahre Meister im Bescheren
unvergeßlicher Eindrücke. Oder auch von Eindrücken, die man
ihnen nicht vergißt. Je nachdem.

Unbekannter Anrufer droht mit dem Hochgehen einer Bombe, falls der Alleinunterhalter Herbert Fistel erneut auf einer Veranstaltung des Seniorenheims «Abendfrieden» spielen sollte.

Im Umfeld von Diskotheken kommt es gern zu Schlägereien und anderen Straftaten. Discobetreiber setzen deshalb auf geschultes Fachpersonal, wobei ein besonders breiter Erfahrungsschatz kein Hindernis zu sein scheint. Die Polizei:

Die in dieser Disco beschäftigten Türsteher sind zu einem erheblichen Teil polizeilich in Erscheinung getreten und bereits vorbestraft. Der Türsteher Alfredo Knack zum Beispiel beschäftigt die Polizei bereits seit mehr als 15 Jahren und ist derzeit in einer JVA inhaftiert.

Schon mancher Konflikt nahm nur deshalb seinen Lauf, weil sich jemand unangenehm beäugt fühlte. Ein Zeuge:

Als wir den Parkplatz hinter der Disco erreichten, sahen wir dort 4 nebeneinander stehende Autos, die alle komisch guckten.

Autos, die komisch gucken? Wie das? In einer Examensklausur wurde es erklärt.

Bei einem Pkw kann es sich nicht um eine Gattungsschuld handeln, weil ein Pkw zwar in Erscheinung als Modell häufiger vorkommt, jeder einzelne Pkw aber aufgrund unterschiedlicher Haltung zu einem Individuum wird.

Alles Unfug natürlich. Richtig sah es also allein dieser Zeuge:

Der Pkw ist, <u>ohne</u> zu gucken, von links über die Straße gefahren.

8. Spezialbehandlungen

Eine Anzeigeerstatterin glaubte den Weg zu wissen, wie ihre Anschuldigungen wasserdicht zu machen seien. Übersetzung aus dem Türkischen:

Ich kann tausend Mal schwören.

Aber auch, und das keineswegs zimperlich:

Sie müssen ihm an seine Hände Strom geben. Dann wird er alles gestehen.

Weil ihr Lebensabschnittsgefährte sie mit einer Kleiderstange traktiert hatte, rief eine Frau die Polizei, blieb derweil aber alles andere als untätig.

Persönliche Gegenstände des Beschuldigten, insbesondere Klei-dung, hatte die Geschädigte bereits vor unserem Eintreffen über das Flurfenster der Straße zugeführt.

Ein Rauswurf mit acht Kanten also, bei dem die Geschädigte zudem 90 überflüssige Kilo verlor:

Ein erneutes Aufnehmen des Beschuldigten in ihrer Wohnung schloß die Geschädigte aus.

Eine Messerstecherei wollten die Wohnungsnachbarn wahrge-nommen haben und alarmierten die Polizei. Die aber traf dort lediglich den Wohnungsinhaber und dessen Freundin an. Aus unterschiedlichen Gründen ging es allerdings recht aufgekratzt zu.

Es stellte sich heraus, daß Frau Griffig mit Herrn Krummsiek den Geschlechtsverkehr ausüben wollte und dieser wegen seiner alkoholisierten Freundin momentan wenig Lust hatte.

Wie aber kam es nun zur Klangkulisse einer Messerstecherei?

Beim Liebesspiel verletzte Frau Griffig den Geschädigten mit dem Fingernagel unbeabsichtigt an den Eierstöcken (laut Angaben des Geschädigten).

Nach einer anatomischen Unterweisung des Geschädigten wurde eine Verletzung am Hodensack diagnostiziert. Es entstand eine gering blutende Rißwunde, die aber nicht behandlungsbedürftig war.
Stocksauer war er trotzdem noch. Zwar verzichtete er auf einen Strafantrag, doch wo die Polizei jetzt schon einmal da war …

Er bat um Unterstützung, damit die zu Besuch weilende Freundin seine Wohnung verließ.

Uneins mit seinen Gefühlen war auch der Liebhaber im nächsten Fall.

Mitbewohner meldeten randalierende Person in einem Appartement. Sachverhalt traf so nicht zu. Der Verursacher liebkoste lediglich mit seiner auf seinem Bett befindlichen Gummipuppe, beleidigte diese aber auf das Äußerste. Zur Ruhe ermahnt. Keine weiteren Maßnahmen.

Er also hatte es satt, immer nur auf der faulen Braut zu liegen. Wie es mit solchen Gefährtinnen eben so geht: Erst ist es die große Liebe, dann kommt Mann immer seltener auf die Sache zurück, und schließlich ist die Luft ganz raus.

Im nächsten Fall unterstützte nicht die Polizei, es war vielmehr die Ex-Freundin, die die Sache in die Hand nahm. Kaum nämlich hatte der immer noch Angeschmachtete morgens das Haus verlassen, drang die Verflossene in die Wohnung ein und verpaßte der sich noch genüßlich im Bett räkelnden Nachfolgerin die langersehnte Spezialbehandlung.

Sogleich drosch sie auf die Zeugin ein. Anschließend wurde diese, barfuß bis zum Hals, von der Beschuldigten vor die Tür gesetzt, die Bekleidung hinterher werfend.

Wie umschrieb doch ein Verteidiger den Weg in die Rage:

Das war der Tropfen auf den heißen Stein! Es brodelte. Das Faß wurde immer voller!

Zwar verwahren sich Körperverletzer grundsätzlich gegen unrealistische Zuwachsraten ...

Der Knüppel war nicht 1,00–1,20 m lang, wie der Zeuge behauptet. Hinterher wird er immer länger – erst 20, dann 50, dann 70 cm.

... sind dafür aber hart im Nehmen.

Im Krankenhaus wurde festgestellt, daß meine Nase einmal gebrochen war und ich eine Gehirnerschütterung davongetragen hatte. Der Rest war nebensächlich: ein blaues Auge und Verdacht auf Hirnblutung.

Auf derart Hartgesottenes weiß die Staatsanwaltschaft sich einzustellen.

1. Vermerk:
   Die beiden Beschuldigten haben die Angelegenheit draußen vor der Kneipe «diskutiert», wie es auf Bl. 5 d. A. so schön heißt, und dabei offenbar schlagende Argumente ausgetauscht, wie die Verletzungsliste belegt. Allerdings scheint man zu einem befriedigenden Ergebnis gelangt zu sein, denn niemand stellt Strafantrag. Da will man sich als Staatsanwalt doch ungern einmischen.

2. Einstellung gemäß § 170 Abs. 2 StPO gegen die Beschuldigten mangels besonderen öffentlichen Interesses an der Strafverfolgung.

Werden allerdings körperliche Mißhandlungen im Elternhaus offenbar, bedarf es dringend einer Weichenstellung. Das Vormundschaftsgericht:

Um Gefahren für das Wohl der Kinder abzuwenden, war es erforderlich, die elterliche Gewalt auf das Jugendamt zu übertragen.

Zu gern hätte sich ein darbender Strafgefangener mal wieder mit der Damenhalbwelt vergnügt. Also stellte er einen nicht ganz alltäglichen Antrag, nämlich auf Ausführung in ein örtliches Bordell. Ihm damals zum Verdruß, uns heute zur Erbauung hier die Entscheidung der Anstaltsleitung aus dem Jahr 1978:

Der Besuch eines Bordells dient unter Zurückstellung zwischenmenschlicher Beziehungen im allgemeinen primär der Befriedigung fleischlicher Gelüste und Begierden und damit nach wohl einhelliger Auffassung keinesfalls der Erreichung des Vollzugszieles, das ein Leben in sozialer Verantwortung anstrebt. Selbst wenn man sich über diese grundsätzlichen Bedenken hinwegsetzte, so kann dem Ansinnen des Gefangenen aber aus folgenden Gründen nicht entsprochen werden:
Bei der Ausführung ist der Gefangene gemäß Nr. 11 der AV des Justizministeriums von den begleitenden Vollzugsbediensteten in der Regel ständig und unmittelbar zu beaufsichtigen. Eine Ausnahme von diesem Gebot kommt bei dem Gefangenen aufgrund des bisher gezeigten negativen Vollzugsverhaltens nicht in Betracht.
Die Beaufsichtigungspflicht hätte aber im vorliegenden Fall zur Folge, daß die Beamten die von dem Gefangenen beabsichtigte sexuelle Betätigung mit einer oder gar mehreren Bordelldamen

in vollem Umfang überwachen müßten. Selbst wenn der Vorgang nur wenige Sekunden dauern sollte, was bei der langen Enthaltsamkeit des Gefangenen nicht auszuschließen ist, wäre dies für die Beamten, die ja auch nur Menschen sind, schlechterdings unzumutbar.

Erschwerend kommt hinzu, daß bei dem Gefangenen angesichts des Strafrestes und des bisher gezeigten schlechten Vollzugsverhaltens als besondere Sicherungsmaßnahme die Anlegung von Handfesseln verfügt werden müßte, was den Gefangenen bei der Durchführung seines Anliegens naturgemäß behindern müßte mit der weiteren Folge, daß möglicherweise die Begleitbeamten Hilfestellung geben müßten, was gänzlich unmöglich erscheint.

Außerdem würde die Anwesenheit von uniformierten Beamten einem solchen Vorgang für außenstehende, nicht eingeweihte Dritte den Anstrich eines Justizaktes verleihen.

Bei der Kontaktaufnahme mit Bordelldamen liegt auch nicht der Besuch einer «anderen Person, welche die Behandlung oder Eingliederung des Gefangenen fördert» im Sinne der Nr. 12 Abs. 1 Buchstabe a der o. g. AV vor. Hierbei wird keineswegs verkannt, daß der Gefangene im Bordell einer gezielten Behandlung zugeführt wird und kurzfristig auch seine körperliche Eingliederung erfolgt; dies aber nicht im Sinne des in § 2 Strafvollzugsgesetz aufgestellten Vollzugszieles.

Schwierigkeiten bei Aus- und Einführung vermeidet da natürlich, wer von vornherein auf die ungezwungene Atmosphäre seiner gesicherten Umgebung setzt.

Ich beantrage, daß ich hier in der Anstalt von einer Prostituierten besucht werden darf, um mit ihr den Geschlechtsverkehr vollziehen zu können. Außerdem beantrage ich, daß mir vorher der Kontakt zu etwa 10 solcher Damen verschafft wird, damit ich eine Auswahl treffen kann, die meinem Typ entspricht. Die Damen sollten schlank sein, etwas jünger als ich und den Dienst ungezwungen erbringen wollen.

Wenn Diebstahl und Datenklau selbst vor Diensträumen nicht mehr haltmachen, wird es Zeit, sich etwas auszudenken.

Es wird empfohlen, daß man das Büro abschließt, bevor man es verläßt.

Feierabend also nur für die, die mit dem Kopf durch die Wand gehen.

Dazu ein schönes Beispiel solider Dickköpfigkeit.

Beim Verlassen des Reviers stürzte sich Herr Kosmetschke, trotz seiner Fußfesseln, auf einen Streifenwagen und rammte seinen Kopf mehrmals mit großer Wucht gegen die Scheibe und das Seitenteil. Der Kopf überstand diese Aktion ohne sichtbaren Schaden, am Streifenwagen blieb eine Beule zurück. Im Krankenhaus, nach Entnahme der Blutprobe, betätigte sich Herr Kosmetschke in ähnlicher Weise. Er rammte seinen Kopf gegen eine Wand, wobei eine eigroße Einbeulung entstand, an der Wand.

Wie aber schafft man den Durchbruch?

Wir erhielten den Auftrag, wegen einer Unfallflucht den Pkw des Herrn Wubke zu überprüfen und vom Frontbereich des Fahrzeugs Lichtbilder zu fertigen. Zusammen mit POM Wiesel fuhr ich zu der Wohnung des Herrn Wubke, den wir auch antrafen.
Wir gingen mit ihm zu seiner Garage, die sich wenige Meter von der Wohnung entfernt befindet. In der Garage war der gesuchte Pkw vorwärts eingeparkt. Um das Fahrzeug besser fotografieren zu können, baten wir Herrn Wubke, den Pkw rückwärts aus der Garage zu fahren.
Herr Wubke setzte sich unter erheblichen Bemühungen hinter das Steuer des Fahrzeugs und fuhr anschließend mit durchdrehenden Reifen rückwärts aus der Garage. Vor der Garage fuhr er wieder etwas langsamer. Obwohl wir ihm bedeuteten,

daß seine Position nun zum Fotografieren reichen würde, fuhr er weiter gegen einen Gartenzaun. Er stieß mit seinem Heckteil gegen einen an dem Zaun stehenden Pfeiler, der anschließend umfiel.

Herr Wubke legte nun an dem Automatik-Fahrzeug den Vorwärtsgang ein und fuhr gegen die ungefähr 3 Meter entfernte Garagenecke. POM Wiesel mußte sich hierbei mit eiligen Schritten in Sicherheit bringen. Anschließend fuhr Herr Wubke wieder rückwärts die Garageneinfahrt hoch, überquerte die Straße, fuhr in ein Rasengrundstück ein und stieß dort rückwärts gegen eine Straßenlaterne. Ein Fußgänger, der sich hierbei in Sicherheit bringen wollte, stürzte auf dem schneebedeckten Rasen. Die Straßenlaterne erlitt keinen Schaden.

Herr Wubke fuhr dann wieder vorwärts über die Straße in Richtung Garage. In diese fuhr er ungestreift mit ca. 30 km/h ein. Er durchbrach mit seinem Fahrzeug die Rückwand der Garage und einen davor stehenden Schrank. Das total beschädigte Fahrzeug blieb mit seinem Heckteil in der Garage, das Vorderteil ragte ins frei abfallende Gelände. Herr Wubke blieb bei den Zusammenstößen unverletzt. Während der gesamten Fahrten betätigte er immerzu die Hupe.

Nach dem Vorgang war Herr Wubke leicht geistesabwesend. Er brachte mehrere Dinge durcheinander und redete leicht verwirrt. Er konnte sich die ganze Sache nicht erklären und meinte nur, daß er so sicher wie jeder andere fahren würde. Bevor Herr Wubke sich in sein Fahrzeug gesetzt hatte, konnten wir nichts an seinem Verhalten feststellen, er wirkte völlig normal. Wahrscheinlich wurde er in dem Fahrzeug so nervös, daß er sämtliche Bedienungseinrichtungen verwechselte. Ein hinzugeeilter Nachbar sagte aus, daß Herr Wubke den Gartenzaun schon des öfteren umgefahren habe.

Es gab noch einen anderen Erklärungsansatz.

Herr Wubke ist schwerbeschädigt. Er hat am rechten Fuß einen ärztlichen Kunstfehler, ihm fehlt das rechte Hüftgelenk. Der rechte Fuß ist dadurch um 9 cm kürzer als der linke.

Den kürzeren aber zogen auch die Beamten. Denn nach dieser gründlichen Spezialbehandlung der Wagenfront konnte von potentiellen Spuren einer Unfallflucht kaum mehr die Rede sein.

Über eine ebenfalls wenig ansehnliche Vorderfront hieß es in einer Zeugenaussage:

Ich konnte deutlich sehen, daß der Mann sich selbst befriedigte. Sein Glied war allerdings nicht erigiert. Ich möchte den Ausdruck «Knautsch-Lack» für den Zustand nennen.

Wenn, steuerrechtlich betrachtet, ein

Gesangssolist als «kulturelle Einrichtung»

durchgeht (BGH, NStZ 2004, 43), warum dann nicht auch, und zwar zolltariflich gesehen, ein

«Plüschnilpferd im Strumpf» als Weihnachtsmann?

Jedenfalls dann, wenn es sich um einen «Nilpferdkopf mit Weihnachtsmannmütze» handelt, unten in Form eines «Nikolaussockens» und der wiederum mit Einfüllöffnung.

Während die beklagte Oberfinanzdirektion noch an den wahren Weihnachtsmann glaubte und kleinlich auf einem «extremen Verfremdungseffekt» beharrte, argumentierte die Klägerin, die «sackähnliche Ausgestaltung» des Artikels entspreche «der traditionellen mitteleuropäischen Weihnachtskultur» («Weihnachtsmann mit Sack»).

Das überzeugte, und so stellte der Bundesfinanzhof kategorisch fest, das «gabensackähnliche Behältnis» mit «Weihnachtsmannmütze» sei nun mal das, was es sei: ein Weihnachtsmann (BFH/NV 1993, 762).

In einem Markenrechtsstreit, in dem es um die Verwechselungsgefahr der Begriffe «Corn Pops» und «Rice Pops» ging, wurde u. a. vorgetragen, die Bezeichnung «Pops» stehe lautmalerisch für das charakteristische Pop-Geräusch, welches das Getreide-korn beim Aufbrechen im Röstvorgang verursache.

Der Herstellungsvorgang wird dementsprechend auch als «pop-pen» bezeichnet. So ist jedem von Kindesbeinen an die Herstel-lung von Popcorn – etwa auf einem Jahrmarkt – als «Poppen» bekannt.

Den aufgeklärten Mitgliedern des 5. Zivilsenats beim Hansea-tischen Oberlandesgericht Hamburg durfte man allerdings so nicht kommen (zu vgl. GRUR-RR 2003, 266):

Entgegen der Annahme der Beklagten ist in den angesprochenen Verkehrskreisen, zu denen auch die Mitglieder des Senats ge-hören, keineswegs seit frühester Kindheit die Herstellung von Popcorn als «poppen» bekannt. Den Begriff «poppen» kennen die Senatsmitglieder zwar, allerdings nicht von Kindesbeinen an, sondern erst etwa seit der Pubertät und in völlig anderem Zu-sammenhang, was hier aber nicht vertieft zu werden braucht.

9. Na lecker!

Die Gerontologie der Nahrung, das ist das große Spezialgebiet unserer Lebensmittelkontrolleure vor Ort.

Zwei Kisten mit Orangen zeigten bei allen Früchten deutliche Eintrocknungen. Die Schale war stark runzelig und eingefallen. Die Früchte hinterließen bei der Druckprobe einen schlaffen, weichen Eindruck. Trotzdem waren die Früchte mit Handelsklasse I ausgezeichnet.
Der Inhaber gab an, daß dieses eine spezielle Orangensorte wäre, für die er begeisterte Kunden hätte.
In einem weiteren Bereich des Gemüsestandes lagerten fünf große Säcke mit Kartoffeln. Aus der Ecke strömte ein süßlicher, fauliger Geruch. Bei genauer Prüfung wurde durch uns festgestellt, daß der überwiegende Teil der Kartoffeln verschimmelt und faulig war. Es zeigten sich braune Faulstellen mit weißen Schimmelkolonien-Anhaftungen und Insektenbefall.

Aber auch diese Weißheit des Alters war nicht zu verachten.

Der Inhaber gab an, daß er auch für diese Angebotsware eine spezielle Kundschaft hätte, die diese Kartoffeln bevorzuge.

Was lernen wir daraus? Für zufriedene Kunden sind Lebensmittelkontrollen oft nichts anderes als lästige Eingriffe in liebgewordene Traditionen.

Als wir in der Bäckerei die Mehlkiste öffneten, hockte darin eine Ratte, die uns feindselig ansah.

Beinahe postwendend kam ein am Kiosk genossener Alcopop wieder zum Vorschein und hinterließ Übles in Straßenbild und Magen. Kein Wunder bei einem um drei Monate überlagerten Drink, meinte das Opfer und erstattete Anzeige.

Ob es angesichts des Alkoholgehalts überhaupt zu einer erhöhten Verkeimung hatte kommen können, bezweifelte ein Sachverständiger, und wenn, dann hätten Nebenwirkungen sich erst nach Stunden gezeigt, nicht so spontan. Er vermutete deshalb etwas ganz anderes:

Es sollte nicht übersehen werden, daß das Ereignis gegen 1.00 Uhr nachts stattgefunden hat. Dabei erscheint es unwahrscheinlich, daß der Geschädigte zu diesem Zeitpunkt das erste alkoholische Getränk zu sich genommen hat. Es kann nicht ausgeschlossen werden, daß der Geschädigte sich bereits «vorgeflutet» hatte.

Einmal aus dem Verkehr gezogen, kann Alkohol keinen Schaden mehr anrichten. Fragt sich nur, wie lange?

1 volle Flasche «Kleiner Feigling»

hieß es in einem Beschlagnahmeprotokoll der Polizei. Doch bis in die Asservatenkammer der Staatsanwaltschaft ist es ein weiter, mitunter ereignisreicher Weg, und so vermeldete die dort erstellte Beweisstückliste denn auch:

1 leere Flasche «Kleiner Feigling»

Man muß sich eben nur trauen.

Gar nicht trauen mochte man seinen Augen, als eine Staatsanwaltschaft die erbetene Aktenübersendung mit folgender Begründung ablehnte:

Die von Ihnen gewünschten Akten stehen z. Zt. leider nicht zur Verfügung.
Aufgrund der Belastung mit Schimmelpilzen und PAK (Polychlorierte aromatische Kohlenwasserstoffe) befinden die Akten

sich in einer Reinigungsbehandlung, so daß ein Zugriff z. Zt.
nicht möglich ist.
Ich bitte, in ca. 3 Monaten erneut nachzufragen.

Sofern dann nicht bereits Gras über die Sache gewachsen war.

Ein kapitales Überraschungsei, das ist es offenbar, was Vandalismus erst so richtig perfekt macht.

Neben dem beschädigten Pkw, auf Höhe der Fahrertür, wurde
ein Kothaufen von erheblicher Größe festgestellt, so daß zu ver-
muten ist, daß dieser menschlichen Ursprungs ist und möglicher-
weise vom Täter zur Sachbeschädigung gelegt wurde. Aus die-
sem Haufen wurde eine Rückstellprobe genommen (Asservat 2).
Diese befindet sich im Gefrierfach des Asservatenkühlschranks
auf hiesiger Dienststelle.

Natürlich ist in einem solchen Fall nicht allein der Tatort auf-
zunehmen.

Der in diesem Vorgang festgestellte Kothaufen wird nach Rück-
sprache mit dem aufnehmenden Beamten entsorgt.

Könnte man mit einem Golfball eine Kuh töten? Ein Rindvieh
haut so schnell nichts um, möchte man meinen. Wenn nun aber
eine Kuh den Golfball verschluckte? Genau das habe sich in der
Vergangenheit mehrfach auf seinen Weiden nahe einem Golf-
platz ereignet, behauptete ein Landwirt und klagte auf Scha-
densersatz. Sämtliche Tiere seien an Golfbällen erstickt.
War so etwas überhaupt möglich? Für den vom Gericht beauf-
tragten Gutachter keine leichte Aufgabe.

In unserer Klinik für Rinderkrankheiten wurden dazu orientie-
rende Versuche durchgeführt.
Hierzu wurden 3 Kühen zunächst als Beigabe im normalen Füt-
terungsrhythmus, dann aber auch nach 24-stündigem Hunger
(gierige Futteraufnahme) Golfbälle (42 g) zur freien Aufnahme

angeboten. Bei normaler Fütterung (2x pro Tag) wurden die Golfbälle von keinem Tier beachtet. Nach 24 Stunden Futterentzug «spielte» eine Kuh mit dem Ball, nahm ihn ins Maul, kaute auch darauf herum, spuckte ihn dann aber wieder aus. Die beiden anderen Tiere ließen den Golfball unbeachtet liegen. Daraufhin wurde den Tieren je ein Golfball zwangsweise eingegeben (Verbringen über den Zungenrückenwulst per Hand und Ablage im Schlundkopfbereich). Der durch die Golfbälle ausgelöste Schluckreflex beförderte sie spontan in den Pansen, die Tiere fraßen sofort weiter.

Darüber hinaus wurde einem Tier der Inhalt eines aufgeschnittenen Golfballes eingegeben. Die sich anschließende mehrtägige Beobachtung ließ keine Beeinträchtigung irgendeiner Lebensfunktion erkennen.

Auch wurde versucht, an Kehlkopf und Luftröhre einer geschlachteten Kuh einen Golfball über die Stimmritze in die Luftröhre zu drücken, was ohne großen Aufwand gelang. Der eingebrachte Golfball bewegte sich nach Passage des Kehlkopfes leicht in der Luftröhre hin und her (er «kullerte»).

Im Ergebnis sprachen alle Versuche und Schlußfolgerungen gegen die vom Kläger geäußerten Zusammenhänge.

Blieb am Ende nur die Frage: Was, wenn ein Rindvieh die enorme Schlagkraft eines Golfspielers bestaunt haben sollte? Glotzend, versteht sich, mit gebührender Mimik.

Die denkbare Möglichkeit, daß sich ein kräftig geschlagener Golfball im Flug in das zufällig gerade weit geöffnete Maul einer der betroffenen Kühe verirrte, hier durch seine Wucht mechanische Verletzungen schaffte, die Reflex und Funktion des Kehldeckels außer Kraft setzten, wäre eine fast utopische (aber eben nicht ganz auszuschließende) Erklärung allenfalls für einen (Zu-)Fall.

Lecker war gewiß auch dieser Auftrag an einen Textilsachverständigen, der für das Gericht feststellen sollte, ob es sich bei

Schäden an einer Daunendecke um Urinflecken handelte, speziell von Menschen- oder Hundeurin.

Nun gehören die Mühlen der Justiz bekanntlich nicht zur Formel 1. Der Sachverständige:

Nachdem die beanstandeten Verfleckungen annähernd 2 Jahre alt sind und deshalb mehr als nur eingetrocknet sind, läßt sich mit den mir zur Verfügung stehenden Mitteln zunächst keine exakte Aussage machen.

Sondern nur mit einer tierisch guten Idee.

Ich habe mich an die Besitzer von zwei Hundezwingern gewandt und um Mithilfe gebeten. Dazu wurden verschiedene Hunde, jeweils auch Rüden und Hündinnen, an die Flecken herangeführt. Erfahrungsgemäß ist das Verhalten von Hunden gegenüber «Duftnoten» anderer Hunde anders als bei sonstigen Verfleckungen. Keiner der Hunde zeigte jedoch das typische Verhalten, sondern jeder wandte sich nach ausgiebigem Beschnüffeln gelassen ab.

Und für den zweiten Teil der Aufgabe gab der Sachverständige dann offenbar sein Bestes.

Durchgeführte Versuche mit menschlichem Urin auf Textilien verliefen geringfügig anders, jedoch nicht so wie bei der Daunendecke.
Zusammenfassend kann daher gesagt werden, daß die feinnervigen Hundenasen keinen Urin – gleich welcher Art – festgestellt haben.

10. Sportliches

Helles Entzücken herrschte sicherlich, als Mutti feststellen mußte, daß ihr Liebling nicht nur äußerst sportbegeistert, sondern auch noch reich mit Phantasie gesegnet war.

Aus einer polizeilichen Strafanzeige:

Der Beschuldigte täuschte durch Anzeigenaufgabe den Diebstahl des Pkw seiner Mutter vor, obwohl dieser durch ihn beim Rennen zerschrottet wurde. Verkehrsunfall mit Flucht.

Tiefergelegte Autos sind die Renner in diesen Kreisen, doch nur zu gern verschließt man die Augen vor den schlummernden Gefahren. Vermerk des Ordnungsamtes:

Weiterhin konnten wir uns nicht erklären, wie der Betroffene nicht erkennen und bemerken wollte, daß die Räder, aufgrund der extremen und unerlaubten Tieferlegung, am Radkasten schliefen und bereits Scheuerspuren hinterlassen hatten.

Im übrigen sollten, trotz aller Faszination, die Dinge nie Macht über uns erlangen.

Es wurde bekannt, daß der Sohn des Halters Verfügungsgewalt über den Pkw hat und ausschließlich von ihm benutzt wird.

Sportliche Gemeinschaftsaktivitäten im Strafvollzug stärken den Sinn für Fairneß und die Achtung vor dem Gegenüber.

An den Sportlehrer

Möchte bitte Kraftsport tätigen
Will doch nicht beim Fußball
spiel mich von den Halbaffen
die Füße + Knöchel kaputt treten
lassen

Hier die Antwort, diktiert von der Fürsorgepflicht:

Ihrem Wunsch, kein Fußball zu spielen, wird entsprochen.
Ich darf Ihnen aber mitteilen, daß dieselben Tierchen auch im
Kraftsport aktiv sind. Wenn Sie gemäß der Reihenfolge in der
Warteliste zugelassen werden, sollten Sie als menschliches Wesen
darauf achten, daß diese «Halbaffen» nicht mit Hanteln werfen.

Und noch ein Gefangener, der an Bildung interessiert war, an
Muskelbildung wohlgemerkt, wobei ihm ein Eiweißpräparat
unter die Arme greifen sollte:

Hlo ~~Frau~~ schdarzanwöltin ich bibe um
erlabnis für eiweispulfer fonn der ~~Apothke~~
Apohteke mit zu pringen lassen fonn meine eltern
Krund für den Schbort für din mußkellatur zu
schdarken ich bete für ferchderltnis fillen Dank
mit froindliche Krüse

Frau «Schdarzanwöltin» wird ihm die Bitte kaum abgeschlagen
haben, wirkten doch auch seine Klimmzüge an der Mutterspra-
che noch reichlich matt.

Ebenfalls nicht zu den Agilsten zählen sicherlich jene Gefangenen, die auf Drogen stehen und sich mit einer Suchtproblematik

herumzuschlagen haben. Schön, wenn man damit so gar nichts am Hut hat.

Bei uns findet zur Zeit die Knast-Olympiade statt. Ich mache nur beim Volleyball mit. Meine Mannschaft hat bis jetzt nicht sehr gut abgeschnitten. Dies ist auch verständlich, da drei meiner vier Mitspieler Giftler sind und daher nicht ganz so fit, wie es sein sollte (ich bin der einzigste Alkoholiker).

Gleichsam als Gefängnis empfand ein Fußballspieler seinen Stammverein, nachdem der ihm den Wechsel zur Konkurrenz verweigert hatte. Die Idee, sich trotzdem dort anzumelden, und zwar mit Hilfe einer gefälschten Freigabeerklärung, war sicher pfiffig. Einige Trainingseinheiten in deutscher Rechtschreibung vorab hätten aber wohl auch nicht geschadet. Vermutlich wäre die Sache dann nicht derart prompt aufgeflogen.

Spieler Freigabe

Sehr gehrt Damen und Herr

Mit diesen Schriftstück erteilen wir der KSV Wehstedt dem Spieler Nils Mauerknab die sofortige Freigarbe. Damit er mit so Vortiger Wirkung am Spielbetrieb Teil nehmen kann.

Mit freundlichem grus

Kommentar eines Sportfunktionärs in der Strafanzeige: Die deutsche Sprache, die hier verwendet wurde, sieht eigenartig aus.

Bleiben wir beim Fußball. Wegen neuer Straftaten widerrief ein Gericht die Strafaussetzung zur Bewährung und machte aus dem Beschluß eine runde Sache.

Das Gericht hat den Ausführungen des Verteidigers im Schrift-satz vom 2. 6. 1998 besondere Aufmerksamkeit gewidmet; darin ist zum Ausdruck gebracht, angesichts der treuen Anhänglich-

keit des Mandanten an den 1. FC Kaiserslautern, die geradezu manische Züge annehme, könne vielleicht auch die Meisterschaft dieses Vereins geeignet sein, stabilisierend auf den Mandanten einzuwirken, weil er, der Verteidiger, sich schlecht vorstellen könne, daß er, der Mandant, bei seinem Fanatismus, von dem auch der Verteidiger nicht weit entfernt sei, sich durch Straftaten die Möglichkeit verbauen werde, Champions League-Spiele auf dem Betzenberg zu sehen.

Die stabilisierende Wirkung des Sports auf weite Teile der Bevölkerung ist auch dem Gericht bekannt.

Der Proband hat aber innerhalb der Bewährungszeit erneut und mehrfach gefehlt und ist wegen 6 Vorsatztaten verurteilt worden. Er hat dabei, obwohl er der Sportszene nahesteht, die Bühne des Sports zur Basis mehrerer Straftaten gemacht.

So hatte er beispielsweise einem Turner während des Trainings aus der Umkleidekabine mehrere Schecks geklaut und einen davon in einem Angelsportgeschäft versilbert.

Zu der Zeit, als diese Taten begangen wurden, kämpfte der Fußballverein, dem die Sympathie des Verurteilten gehört, in der 1. Fußballbundesliga gegen den Abstieg. Es hätte dem Probanden gut angestanden, die treue Anhänglichkeit an seinen Verein dadurch zum Ausdruck zu bringen, daß er, statt Straftaten zu begehen, quasi als 12. Mann auf dem Betzenberg seinen Beitrag dazu leistet, daß sein Verein die zum Klassenerhalt notwendigen Pluspunkte einfährt.

Vom Widerruf der Strafvollstreckung zur Bewährung könnte nur abgesehen werden, wenn es ausreichte, durch weniger gravierende Maßnahmen auf den Probanden einzuwirken. Derartige Maßnahmen erscheinen jedoch nicht erfolgversprechend.

Womit wir uns zugleich der heiklen Frage nähern, ob nicht gar ein Eigentor des Verteidigers in der Luft liegt.

Es ist gerichtsbekannt, daß der Fußballbundesligist 1. FC Kaiserslautern die Eintrittspreise für seine Heimspiele in der Saison 1998/99 drastisch erhöht hat. Der Proband hat keinen Beruf *erlernt, war zur Zeit der letzten Hauptverhandlung ohne festen Wohnsitz und ohne festes Einkommen. Das Gericht wirft deshalb die Frage auf, ob vor diesem Hintergrund die treue Anhänglichkeit des Verurteilten an den 1. FCK in ihrer geradezu manischen Dimension weniger ein stabilisierender Faktor ist als vielmehr Anreiz für die Begehung neuer Straftaten, um sich durch sie das Eintrittsgeld für die Heimspiele in der Champions League zu verschaffen.*

Wenn man von einem Arbeitskollegen bis aufs Blut gereizt wird, darf man ihm zwar so manches an den Kopf werfen, nur eben keine Wasserflasche, die zudem noch einen bleibenden Hörschaden anrichtet. Meinte jedenfalls der Arbeitgeber und kündigte fristlos. Der Anwalt des Werfenden sah das sportlicher.

Durch sein in höchstem Maße beleidigendes Verhalten hat Herr Keck den Wurf des Mandanten mit einer 1-Liter-Sprudelplastikflasche in Richtung des Herrn Keck selber provoziert. Der Wurf war auch nicht zielgerichtet, direkt auf die Person des Herrn Keck oder gar auf seinen Kopf, sondern nur in Richtung des Herrn Keck, und es wäre nichts passiert, hätte nicht Herr Keck von sich aus eine Bewegung in Richtung der von dem Mandanten geworfenen Flasche gemacht.

Wer ahnt denn auch diesen Torjägerinstinkt, diese Kopfballstärke!

Handspiel ist strafbar! Das sollte bedenken, wer zu Ehren seines Fußballclubs zum Stürmer wird.

Nach den wechselseitigen «Wortgefechten» ging der Beschuldigte bereits wieder in Richtung seiner Wohnung zurück. Durch die dann von der Zeugin gesprochene Äußerung «Scheiß-Schalke» war der Beschuldigte aber heftig verärgert. Er stürmte auf die Zeugin und versetzte ihr mit der Hand Schläge an den Kopf.

Echte Fans können sehr leicht in Erregung geraten. Polizeiliche Strategien berücksichtigen das natürlich.

Nachdem es mir noch im Stadion gelungen war, den Beschuldigten von dem Sinn der polizeilichen Maßnahme zu überzeugen, befriedigte er sich.

11. Wie die Feuerwehr

Man ahnt gar nicht, was sich die Polizei im Dienst so alles an-
hören muß.

*Am Freitag rief hier die Anzeigeerstatterin an. Sie versuchte mir
einen Sachverhalt zu erklären, der bei der Trennung von ihrem
Mann anfing und schließlich mit der Schilderung, daß die Firma
Aldi ihr eine weiße Hose nicht tausche, endete.*

In seiner dienstfreien Zeit deshalb ruhig einmal abschalten, ein
Polizeibeamter darf das nicht nur, er sollte es sogar. Vor Amts-
anmaßung schützt ihn ohnehin die Fähigkeit, jederzeit wieder
einschalten zu können.

*Ich befand mich zur Nachtzeit in meinem Schlafzimmer, als ich
verdächtige Geräusche von der Straße vernahm. Als ich ans Fenster trat, bemerkte ich eine Person, die offensichtlich dabei war,
ein abgestelltes Fahrzeug aufzubrechen. Ich zog mir sofort meinen Morgenrock über, eilte die Treppe hinab auf die Straße, versetzte mich innerlich in meinen Dienstzustand und rief sodann:
«Halt! Polizei! Stehenbleiben!»*

Neben dem Willen zum Dienstzustand ist natürlich auch eine
gewisse Grundschnelligkeit wünschenswert. Als in den achtziger Jahren ein Polizeibeamter in seiner dienstfreien Zeit vor
dem kleinen Geldinstitut seines ländlichen Wohnortes vorfuhr,
spielte sich vor seinen Augen gerade die Schlußszene eines Über-
falls ab. Samt Beute stürzte ein maskierter Räuber ins Freie und
schwang sich in sein Fluchtauto. Das allerdings war erstaunlich bescheiden gewählt: ein altersschwacher Käfer. Dummheit
des Täters und damit die Chance für unseren Polizeibeamten?
Denkste.

Eine ordnungsgemäße Verfolgung war nicht möglich, weil ich mit meinem Mofa vor Ort war.

Das mag uns deshalb erheitern, weil sich mit Begriffen wie Polizei und Feuerwehr landläufig die Vorstellung von Schnelligkeit verbindet. Da verwundert dann auch nicht, daß in einem anwaltlichen Schriftsatz ein PHW Schmitz, also ein Polizeihauptwachtmeister, zum fahrbaren Untersatz mutierte:

Pkw Schmitz

Bei der Verfolgung eines Verkehrssünders war es hier zwar deutlich flotter zugegangen, doch bezweifelte der Verteidiger in der Hauptverhandlung hartnäckig die ermittelte Geschwindigkeit. Ob der Beamte denn den Tacho wirklich die ganze Zeit im Auge gehabt habe? Ehrliche Antwort:

Nein, das konnte ich nicht, denn der Tacho ist ja fest im Wagen eingebaut.

Das Auftauchen der Polizei bringt Leute übrigens nicht immer auf Trapp, was manchmal, womöglich aus einer gewissen Verwunderung heraus, ausdrücklich im Bericht festgehalten wird.

Erst als sie meine Dienstmarke zur Kenntnis nahm, fuhr sie ihre Erregung ein wenig runter – konnte sich aber aufgrund ihrer eigenen Körperfülle nur sehr mäßig bewegen.

Wie die Feuerwehr, so brauste die Polizei nun hier zum Tatort, und das völlig zu Recht.

Im Wohnzimmer war ein brennender Geruch festzustellen.

Etwas differenzierter diese private Spürnase:

Im Wohnzimmer vernahm ich aus Richtung Kaminofen kommend einen komisch vermischten Geruch aus Gas, Schornsteinruß und Mettwurst.

Kleinere Feuer lassen sich womöglich austreten, lodern die Flammen aber erst einmal hoch, ist das ein Fall für die Fachleute. Die wissen genau, wie man solcher Flammen Herr wird.

Die Freiwillige Feuerwehr hatte bereits einen Schlauch ausgelegt und bekämpfte damit das Feuer.

Es gibt indes auch Fälle, in denen die Feuerwehr getrost zu Hause bleiben kann.

Das Feuer löschte sich selbst.

So daß Zeit für die sonstigen Aufgaben bleibt, zum Beispiel für eine Telefonseelsorge der besonderen Art.

Trotz einer mündlichen Beschwerde bei der Feuerwehr (Rufnummer 112) bin ich, ein unbescholtener Bürger, mit der Polizei sehr unzufrieden.

Steigt schließlich nur noch Rauch aus den Trümmern, geht es an die Erforschung der Brandursache.

Trotz sorgfältiger Nachsuche in der Laube und an den Außenwänden sowie im näheren Umkreis konnten keinerlei Spuren, die auf eine Brandstiftung hindeuten, gefunden werden. Es muß deshalb angenommen werden, daß die Brandstiftung durch eine brennbare Flüssigkeit begangen wurde.

Oder noch grundlegender:

An der Garderobe wurden Bekleidungsstücke in Brand gesteckt. In den Holzbehälter für Fundsachen wurde auch ein Brand gelegt.

Stets fein säuberlich unterschieden wird übrigens zwischen Ursache und Wirkung.

Als die Feuersirene ertönte, fragte ich in der Zentrale fernmünd-
lich an, wo es aufgrund des Alarms brennen würde.

Jede Rekonstruktion erfordert neben Scharfsinn auch eine Portion Phantasie.
Wie etwa war zu erklären, daß diese Laube in Schutt und Asche
lag? Ein klassischer Einbruch mit anschließender Spurenbeseiti-
gung schied schon mal aus.

Aufgrund der am Brandort geführten Ermittlungen konnte das
Vorhängeschloß aufgefunden werden. Dasselbe war zwar aus-
geglüht, aber sonst nicht weiter entzwei.

Wie also mußte man es sich vorstellen?

Nach hiesigem Dafürhalten dürfte es sich bei dem Brand um
eine Fahrlässigkeit seitens einer fremden Person handeln, die in
der Laube übernachten wollte und sich dort selbst gut ausge-
kannt haben dürfte. Dieselbe dürfte auch gewußt haben, daß in
der Laube ein Sofa mit zwei Decken und ein Kissen stehen
würde, auf dem der Geschädigte sich ab und zu ausruhte.
Der Täter, der in der besagten Nacht kein Unterkommen hatte,
ging an das Fenster der Laube und zertrümmerte vermutlich
eine Scheibe, um so das Fenster aufwirbeln zu können. Anschlie-
ßend stieg er ein und suchte das Sofa zum Schlafen auf, wobei er
noch geraucht haben dürfte. Während des Rauchens dürfte er
eingeschlafen und die brennende Zigarette aus seiner Hand ge-
fallen sein, so daß das Sofa in Brand geriet. Als er dies feststellte,
verließ er schleunigst die Laube.

Aber:

Spuren dieser Art konnten aufgrund der abgebrannten Laube
nicht mehr festgestellt werden.

Und neben den rein wirtschaftlichen Schäden sind fast immer
auch immaterielle zu beklagen.

Der Geschädigte bestellt den Garten nur noch deshalb, um sich
außerhalb der Wohnung dort aufhalten zu können und in sei-

nen alten Tagen eine Beschäftigung zu haben. Er ist aufgrund der abgebrannten Laube sehr niedergeschlagen, da er jetzt keinen Platz mehr zum Ausruhen hat. Er ist weiter ein friedlicher Mensch und hat bisher noch keinen Zank und Streit gehabt.

Sein Kopf dürfte nicht schlecht geraucht haben, als ein Bezirksschornsteinfegermeister diesen Bericht hier zu Papier brachte:

Die nach dem Brand vorgefundenen Zustand ist keine Veränderung an dem Ofen wie daneben stehende Spüle vorgenommen worden. Durch normales Heizen des Ofens wäre der Brand nicht entstanden.

Wenn man das so liest (es ist alles schon eine Weile her), mag man gar nicht glauben, was der schwarze Mann über die frühere Abnahme der Feuerstätte behauptete:

Ich habe seinerzeit aufgrund der Überprüfung eine Mängelfreie Bescheinigung ausgestellt.

Auf dem Land ist es bekanntlich die Freiwillige Feuerwehr, die sich dem konsequenten Löschen von Bränden widmet, Bränden jeder Art übrigens, und das in aufopfernder Weise.

Die Trunkenheitsfahrt fand nach einer Feuerwehrübung mit anschließender Besprechung statt. Um die Bierkiste noch leer zu machen, trank ich mehr als gewöhnlich.

Nun ist er seinen Führerschein los und muß sich zu Übungen und Vorstandssitzungen von seiner Frau fahren lassen. Doch die hat dafür den Rücken nicht frei.

Als geplagte Mutter von 2 Kleinkindern auf der Rückbank fällt es ihr oft schwer, sich aufs Fahren zu konzentrieren.

Wir befinden uns mitten in einem Gnadengesuch mit dem Ziel einer Verkürzung der Sperrfrist. Denn so kann es nicht weitergehen.

Der Fahrstil meiner Frau macht mir sehr zu schaffen. Oft meine ich, als Beifahrer kurz vor dem Herzinfarkt zu stehen. Bei meiner Frau mitfahren zu müssen, birgt für mich erhebliche Gesundheitsrisiken – mein erhöhter Blutdruck schnellt in die Höhe etc. Ich möchte meine 2 kleinen Kinder in ihrem zarten Alter nicht schon zu Halbwaisen machen.

Fazit:

Ich hoffe, Sie mit meiner Argumentation überzeugt zu haben, und bitte darum, zu meinen Gunsten Gnade vor Recht walten zu lassen.

Was er denn machen werde, falls er tatsächlich heute noch auf freien Fuß gesetzt würde, wollte ein Haftrichter von einem Beschuldigten wissen, der ihm gerade eine ganze Serie von Brandstiftungen gestanden hatte. Antwort:

Als erstes trete ich aus der Freiwilligen Feuerwehr aus.

12. Alkohol

Über Trunkenheitsfahrten herrscht allgemeines Kopfschütteln. Fragt man jedoch im Einzelfall einmal nach, können sich ganz banale Notwendigkeiten auftun.

Mit 1,8 Promille war ein Mofafahrer erwischt worden, der nun vor Gericht stand und beteuerte, die Fahrt habe einzig und allein dem Zweck gedient, weiteren Alkohol zu besorgen.

Weiteren Alkohol besorgen, brummte der Richter, na gut, das sei ja für sich genommen auch nicht strafbar. «Aber warum, um Himmels willen, mußten Sie ausgerechnet noch mit Ihrem Mofa fahren?!»

Antwort:

Weil ich nicht mehr gehen konnte.

Der Alkohol ist nun mal ein tückischer Freund.

Ich verlor das Gleichgewicht und fiel unter Mithilfe des Alkohols auf den Boden.

Reichlich abgefüllt war auch der Mann, der nachts bei einer Polizeiwache aufschlug und die Beamten damit nervte, er müsse jetzt auf der Stelle eine Strafanzeige erstatten, und das, obwohl er kaum einen vernünftigen Satz zustande brachte und die Sache alles andere als dringend war.

Da er angab, er wäre völlig nüchtern, wurde um 23.43 Uhr ein Alko-Test durchgeführt, der einen AAK-Wert von 2,30 Promille ergab.

So heißt es im Rapport, den man verfaßte, als endlich wieder Ruhe eingekehrt war. Und das kam so:

Er wurde aufgefordert, am morgigen Tag die Anzeige aufzugeben und die Dienststelle zu verlassen. Dieser Aufforderung kam er nicht nach. Er wollte so lange hier bleiben, bis seinen Wünschen entsprochen werde. Dies wurde ihm gewährt, nämlich in Zelle 1. Danach kann er dann nach Ausnüchterung eine Anzeige erstatten.

Um das Doppeltsehen nach Alkoholgenuß ging es augenscheinlich diesem besorgten Mitbürger.

Nicht nur daß Kevin oft nicht zur Schule geht und mit 10 Jahren in aller Öffentlichkeit raucht, richtig ist auch, daß die Mutter häufig Alkohol trinkt und verschiedene dupliose Männer zu Besuch hat.

Es ist nun mal kein Geheimnis: Jenes «Gläschen in Ehren», es läßt sich so schön zu zweit verzehren. Ganz unabhängig von der Tageszeit übrigens.

Um 12.10 Uhr suchten wir die Wohnung des Beschuldigten auf. Ihm wurde durch POK Fängerle der Grund unseres Erscheinens eröffnet, was er jedoch mit sofortigem Schreien und unverständlichen Beschimpfungen unterbrach. Der Beschuldigte war so stark betrunken, daß nur einzelne Wortfetzen wie «Ihr Hunde, Arschlöcher» und «geht weg» deutlicher wahrgenommen werden konnten.
Ergebnis der späteren Blutprobe: 3,10 Promille.

Trotz der zweifellos enthemmenden Wirkung hat Alkohol aber auch sein Gutes. Bei richtiger Dosierung schützt er Polizeibeamte zuverlässig vor distanzlosem Verhalten.

Die mit in der Wohnung befindliche Rita Zech stimmte sofort laut kreischend mit ein. Sie war allerdings nicht in der Lage, in unsere Nähe zu kommen, da ihr Trunkenheitsgrad ein Aufstehen unmöglich machte.

Für die Justiz ist die Tageszeit zuweilen ein ernstzunehmendes Entscheidungskriterium. Aus einem Beschluß zur vorläufigen Entziehung der Fahrerlaubnis:

Angesichts der schnellen Rückfallgeschwindigkeit und der hohen Blutalkoholkonzentration von 2,00 g Promille zu gutbürgerlicher Zeit (19.45 Uhr) ist der Beschuldigte als hochgradig ungeeignet anzusehen.

Wer vor der mütterlichen Fahne flieht, sollte darüber die des Dienstherrn nicht vergessen.

Mir wird Fahnenflucht vorgeworfen, und es stimmt schon, um 23.45 Uhr sollte ich wieder in meiner Dienststelle sein. Da ich mit meiner Mutti große Probleme habe, wollte ich dies alles in Ruhe klären. Als ich bei meiner Mutti vorsprach, war sie betrunken, und so war kein Gespräch möglich. Darüber habe ich mich sehr geärgert, und aus Wut habe nun ich mir einen angetrunken. Anschließend war ich dann vier Tage betrunken und habe nicht mehr an den Wehrdienst gedacht.

Schön, wie hier immer noch, wenn auch etwas umnebelt, die Vorbildfunktion der Eltern durchschimmert.

Erst wird gesoffen, daß es nur so rauscht, dann geben die Blutprobenergebnisse Rätsel auf.

Mir wurde ein Blutgehalt von 1,96 pro m. vor geworfen. Hier spottet jede Beschreibung, dieses Ergebnis überhaupt wahr zu nehmen. Wo dieses Ergebnis herkommt ist mir ein Rätsel.

Dabei können auch Laien Trunkenheitsgrade recht zuverlässig einschätzen.

Ein Zeuge:

Der Rudi war wohl gut angeschickert, aber noch nicht besoffen. Tragen brauchten wir ihn noch nicht.

Ähnlich sachkundig dieser Beschuldigte, hier polizeilich auf sein Grundwissen geprüft:

Nach Befragen: Der Unterschied zwischen betrunken und besoffen liegt meiner Meinung nach darin, daß man besoffen auf der Straße liegt und wenn man betrunken ist, noch alles weiß und noch gehen kann.

Noch kenntnisreicher natürlich ein erfahrener Wirt, hier vom Gericht dazu vernommen, in welchem Ausmaß das Opfer einer Kneipenschlägerei denn alkoholisiert gewesen sei:

Oh, der war so breit, wie die Autobahn lang ist.

Durch langjährige Berufserfahrung (den einen oder anderen Trinkversuch sicherlich eingeschlossen) erweisen sich auch Anwälte als wahre Alkohol-Experten.

Aufgrund des getrunkenen Alkohols, also des Glases Sekt und der 3 Glas Likör, die einen Gehalt von ca. 20 Promille haben mögen, fühlte sich der Mandant in keiner Weise beeinträchtigt.

Bei Alkoholkranken ist schon viel gewonnen, wenn sie sich endlich dazu durchringen können, therapeutische Angebote wahrzunehmen, mögen auch im Einzelfall noch Steigerungen bei der Intensität vorstellbar erscheinen.

An dem Tag bin ich so gegen 09.00 Uhr mit dem Bus in der Stadt eingetroffen. Nachdem ich kurz zur Suchtberatung war, bin ich in eine Gaststätte eingekehrt. Dort trank ich dann ein paar Bierchen und entschloß mich gegen 13.30 Uhr zur Rückfahrt mit meinem Pkw, den ich vom Grundstück meines Sohnes holte. Ich schätzte mich durchaus noch in der Lage, fahren zu können.

Knapp daneben geschätzt, fürchte ich. Ergebnis der Blutprobe: 2,41 Promille.

Selbst dem Einsichtigen stehen aber zuweilen Hindernisse im Weg.

Der Beschuldigte stritt die Sachbeschädigung und das übermäßige Trinken nicht ab. Er war anfangs sogar bereit, freiwillig mit uns zu kommen, um anschließend in das Landeskrankenhaus eingewiesen zu werden. Während des Gesprächs fiel ihm aber ein, daß er Anfang Mai seinen 50. Geburtstag feiern möchte. Nun war er nicht mehr bereit, sich freiwillig entgiften zu lassen.

Die Sache sehr ernst genommen hatte dagegen dieser Mann. Allen Widrigkeiten zum Trotz war er auf sein Fahrrad gestiegen und hatte sich auf den kurvenreichen Weg gemacht. Allein 2,19 Promille, ein Sturz und die Polizei verhinderten seine Ankunft in der Stadt. Schade eigentlich, denn:

Dort wollte er eine Selbsthilfegruppe für «trockene Alkoholiker» besuchen.

Andererseits wissen gerade starke Trinker sehr wohl um die Gefährlichkeit des Alkohols.

Herr Bechert lehnte einen Alcotest ab mit dem Hinweis, daß dieser das Gerät sprengen würde.

Also bleibt oft nur die Blutprobe, denn die läßt sich notfalls erzwingen. Nicht jedoch das Rahmenprogramm.

Koordinationstests und Schriftprobe wurden vom Beschuldigten mit den Worten verweigert: «Hier habt ihr den Blutzoll und gut ist.»

Es ist aber ohnehin bereits der richtige Riecher der Polizei, der Trunkenheitsfahrern häufig zum Verhängnis wird.

Zur körperlichen Verfassung, in der sich der Beschuldigte befand, ist noch anzuführen, daß seine Atemluft nach Atemluft roch. Außerdem war sein Gang unsicher und leicht schwankend.

Nicht immer aber hat es die Polizei gerade auf die Atemluft abgesehen.

Der Beschuldigte stand unter massiver Alkoholeinwirkung. Obwohl er darauf hingewiesen wurde, nicht sein Fahrrad zu benutzen, versuchte er dieses. Um zu verhindern, daß er sich auf dem Rückweg schwerere Verletzungen zuzog, wurde ihm die Luft aus den Reifen gelassen, so daß er zwangsläufig schieben mußte.

Da war der Beschuldigte so platt wie seine Reifen.

Wenn Polizisten häufig mit betrunkenen Verkehrsteilnehmern zu tun haben, schärft das fraglos den Blick für die Regel und ihre Ausnahmen.

Während der Verkehrsunfallaufnahme wurde ein Alcotest mit dem Alcomaten durchgeführt. Dieser ergab einen AAK-Wert von 0,86 Promille. Herr Krug machte klare Ausführungen und hatte keine verkehrsüblichen Ausfallerscheinungen.

Auf Abweichungen von der Regel zu achten ist ohnehin eine der Wurzeln erfolgreicher Ermittlungen.

Wir fuhren sofort zur Wohnung der Jugendlichen, deren Zimmer nun durchsucht werden sollte. Vor Ort erklärten wir unser Vorhaben. Beide Elternteile, übrigens nicht alkoholisiert, stimmten zu.

Die nüchterne Art der Eltern mochte irritierend gewirkt haben, spätestens im Zimmer der Beschuldigten aber war für die Beamten die Welt wieder in Ordnung.

Im vorderen, als Schlafzimmer dienenden Teil lagen die für eine Jugendliche üblichen Bekleidungsgegenstände auf dem Boden. Das Zimmer war altersgemäß unaufgeräumt.

13. Die lieben Angehörigen

Nahen Angehörigen eines Beschuldigten steht ein Zeugnisverweigerungsrecht zu. Der Gesetzgeber will ihnen damit drohende Konflikte ersparen. Sollten Angehörige sich nämlich zur
Aussage entschließen, muß alles der Wahrheit entsprechen, so
wie bei jedem anderen Zeugen auch. Von Begünstigungstenden-
zen dürfen sie sich dann nicht leiten lassen. Wer hier also Ab-
hängigkeiten verspürt, sollte lieber schweigen.

*Ich war Beifahrerin in dem von meinem Ehemann gelenkten
Pkw.*
*Ich wurde über mein Zeugnisverweigerungsrecht belehrt und
möchte davon Gebrauch machen. Ich werde deshalb hier bei der
Polizei nichts weiter aussagen. Ich könnte auch sowieso nichts
anderes sagen als mein Ehemann, falls der eine Aussage machen
sollte.*

Um es aber klarzustellen: Die Inanspruchnahme des Zeugnis-
verweigerungsrechts geschieht durch schlichten Hinweis beispielsweise auf die Ehegatteneigenschaft; einer näheren Begründung bedarf es nicht.

Ich möchte n i c h t aussagen, weil

Ich mit ihm gesetzlich verheiratet bin!!

Selbst geschiedenen Ehegatten steht dieses Recht zu. Der Gesetzgeber nimmt hier Rücksicht auf fortwirkende emotionale
Bande, auch wenn deren Vorzeichen sich bekanntlich drastisch
verändern können.

Er, schriftlich dazu befragt, wer denn die flotte Dame am Steuer seines geblitzten Autos gewesen sei:

Ich berufe mich vorsorglich auf mein Zeugnisverweigerungs-recht, da ich meiner Tochter versprochen habe, ihre Mutter nicht zu verpetzen.

Dabei sollten wir Männer doch all unseren Grips zusammenkratzen, um Schaden von unseren Frauen abzuwenden.

Aus einem Insolvenzverfahren gegen ihn:

Der Schuldner war in den vergangenen Jahren ausschließlich als persönlicher Finanzberater seiner Ehefrau, Frau Dr. Knirsch-nagel, tätig, die eine gutgehende Orthopädiepraxis betrieb. Nach hiesigen Ermittlungen führte die Finanzberatung des Schuldners zur Insolvenz seiner Ehefrau. Die Scheidung ist beantragt.

Solche oder ähnliche Ereignisse zerstören das Vertrauen natürlich nachhaltig.

Ich zeige meinen getrennt von mir lebenden Ehemann hiermit wegen bestehender und wegen bevorstehender Unterhalts-pflichtverletzung an.

Und trotzdem bewahrheitet sich immer wieder auch der Satz, wonach alte Liebe eben doch nicht rostet. Die Polizei:

Es ist davon auszugehen, daß Herr Schmiegel seine geschiedene Frau deckt.

Bestimmte Delikte, wie Diebstahl und Betrug, sind unter Angehörigen nur verfolgbar, wenn binnen drei Monaten ein Strafantrag gestellt wird. Und so stoppte die Staatsanwaltschaft unter Hinweis auf dieses Antragserfordernis und die im konkreten Fall versäumte Frist das Unterfangen eines Anzeigeerstatters, gegen seine Schwester strafrechtlich zu Felde zu ziehen. Eine juristische Argumentation, die der verbitterte Bruder nicht akzeptieren mochte.

Hierzu äußere ich mich, daß ich mit Frau Borstig schon seit zwei Jahren nicht mehr in einem Familienangehörigenverhältnis stehe. Für mich ist das eine genauso fremde Person wie jeder andere Bürger auch.

In einschlägigen Fällen klärt bereits die Polizei über die Rechtslage auf.

Auf die drohende Antragsfrist wurde ich hingewiesen.

Wenn eine junge Frau von der eigenen Schwester angezeigt wird, dürfte es mit der geschwisterlichen Liebe nicht zum besten bestellt sein. Das fiel hier auch der Polizei auf.

Aufgrund der ersten spontanen Äußerung der Beschuldigten nach Eröffnung des Tatvorwurfs («Dieses alte Miststück») scheint das Verhältnis zur Schwester nicht konfliktfrei zu sein.

Diese Vater-Tochter-Beziehung hingegen schien aufopferungsvoll in die nächste Runde gegangen zu sein.

Ich habe die Fußpflege von meinem verstorbenen Vater übernommen.

Bereits ein Verlöbnis begründet die Angehörigeneigenschaft mit allen daran geknüpften Rechtsfolgen, vor allem also dem Recht, das Zeugnis verweigern zu dürfen. Diesen deshalb in der Praxis nicht selten behaupteten Status tatsächlich auch sicher festzustellen, ist nicht immer einfach. Schon im Schriftbild ist er bisweilen nur schwer auszumachen.

Meine Fe loptte

Meine Felopte

Am besten läßt man hier die richtigen Leute die richtigen Fragen stellen, dann erstrahlt das Protokoll in erfrischender Klarheit.

Ich bin zwar der Meinung, mit Tatjana Fröhlich verlobt zu sein. Sie hat mir aber gerade gesagt, daß es sich bei den Ringen nur um Freundschaftsringe handelt. Demnach bin ich wohl nicht verlobt mit Tatjana und habe kein Zeugnisverweigerungsrecht.

Andere Beziehungen werden dagegen schon mal weit inniger protokolliert, als die Aussage an sich zuläßt.

An jenem Abend war ich von etwa 21.30 Uhr an in der Gaststätte «Zur Rebe». In meiner Bekleidung befand sich der mir bekannte Mike Liebetraut.

Was der Polizei streng verboten ist, die lieben Angehörigen erledigen es zuweilen, ohne mit der Wimper zu zucken. Bericht über einen nächtlichen Einsatz:

Frau Breit war wieder hochgradig zugemostet, angriffslustig und hörte zu laut Musik. Einigung war nicht in Sicht, bis die Tochter aus demselben Haus auftauchte und versprach, sich um die Mutter zu kümmern, worauf sich Frau Breit erstmal eine ordentliche Ohrfeige einhandelte! Musik leise. Keine weiteren Maßnahmen.

Abgesehen davon, daß es sich beim «Cousin» erst recht um ein verflixt schweres Wort handelt (auch dazu zwei Beispiele), steht ihm allerdings kein Zeugnisverweigerungsrecht zu.

Ich bin sein geschng...

von meinem Kuzeng

Kein gesetzliches Zeugnisverweigerungsrecht, vielmehr ein rein faktisches war es, das im nächsten Fall zum Zuge kam. Geboren aus einer sehr speziellen Nächstenliebe.

Der Zeugin wurde der Sachverhalt bekanntgegeben. Nach erfolgter Belehrung macht sie folgende Angaben zur Sache:
Frage: Nennen Sie den Namen Ihres Freundes. Ich meine die Person, die die Null auf die Briefmarke geschrieben hat.
Antwort: Mein Freund hat mir seinen Namen nie genannt, ich weiß also nicht, wie er heißt.
Frage: Ich denke, Sie haben seit 12 Jahren ein enges Verhältnis zu dem Mann. Sie müßten dann doch wissen, wie er heißt.
Antwort: Mein Freund sagte mir, daß es besser sei, wenn ich seinen Namen nicht wisse. So braucht er wenigstens nicht zu bezahlen, falls ich einmal ein Kind von ihm bekomme.
Frage: Und damit geben Sie sich zufrieden?
Antwort: Ja. Weitere Angaben möchte ich nicht machen.

Als juristisch nicht verkehrsfähig erwies sich die Belehrung dieses Senatsvorsitzenden, der dem Schwager einer Klägerin unverblümt riet:

Als Schwager haben Sie ein Zeugungsverweigerungsrecht gegenüber der Klägerin.

Daß sein Schwager besagte Grenze sogar bei der eigenen Schwester überschritten haben müsse, argwöhnte ein mißtrauischer Ehemann und griff zu

Eilantrag und Klage wegen Geschlechtsverkehr zwischen engsten Blutsverwandten

Schlagender Beweis: der Sohn.

Hiermit behaupte ich und zweifle daran, ob mein Sohn überhaupt mein Sohn ist.

Denn:

Es ergeben sich Anhaltspunkte dafür, daß mein Sohn mir nicht ähnlich sieht: die Figur, fettleibig und breit, großkopferlnd, der Familie der Mutter spiegelbildähnlich, im ganzen nach der Mutter und deren Bruder, der im Heim untergebracht wurde.

Der naheste Angehörige ist man natürlich sich selbst, und wenn dann auch noch die Anwaltseigenschaft hinzukommt …

Schreiben eines Rechtsanwalts an die Bußgeldbehörde:

Sehr geehrte Damen und Herren,

in obiger Sache zeige ich an, daß ich mich in eigener Sache vertrete.
Ich bitte um Akteneinsicht für drei Tage in meine Kanzlei.
Zu weiteren Angaben bin ich zur Zeit nicht in der Lage, da ich durch das anwaltliche Zeugnisverweigerungsrecht gegenüber meiner Mandantschaft gem. § 53 StPO gebunden bin.

Bei den sogenannten Privatklagedelikten, namentlich bei Beleidigung, Bedrohung, Sachbeschädigung oder Körperverletzung, soll die Staatsanwaltschaft nur einschreiten, sofern dies im öffentlichen Interesse liegt. Was meist zu verneinen ist, wenn der Rechtsfrieden über den Lebenskreis des Verletzten hinaus nicht gestört ist, das Ganze sich also gewissermaßen im Privaten abgespielt hat.
Geraten sich beispielsweise nahe Angehörige in die Haare, so soll der Staat sich regelmäßig raushalten und statt dessen auf den Privatklageweg verweisen. Der allerdings wird in der Praxis nur selten beschritten (der Bürger gewissermaßen als Staatsanwalt)

und setzt zudem einen Sühneversuch beim Schiedsmann voraus.

Hier jedoch haben wir mal so einen seltenen Fall einer erhobenen Privatklage, was zugleich ein bezeichnendes Licht auf den Härtegrad der Fronten wirft. Die Geschichte liegt schon einige Jahre zurück und betrifft eine Geschwisterfehde auf dem Land.

Beantwortung der Privatklage:

An das Amtsgericht

Betreffs Klage gegen meine Wenigkeit

In Betreff der Anschuldigung der Anna G. erhebe ich hiermit nochmals wie beim Schiedsgericht Widerspruch, wegen vollständig entstellten Angaben. Ich Unterzeichneter gebe hiermit auf Ehre und Gewissen die Wahrheit entsprechend die Schilderung wie es vor sich ging am 5. 7. dieses Jahres 19.10 Uhr auf dem Brandweg 15 m von der Feuerlöschstelle, linksseitige Grabenböschung.

Meine Tochter Luise 20jährig und ich gingen um diese Zeit nochmals zum Felde. Ungefähr 350 m von der Hauptstraße sehe ich meine Schwester. Nicht etwa Schlechtes im Schilde zu haben gehe ich ihr entgegen. Ich grüße dieselbe. Frau G. bekam eine ganz besondere Farbe. Ob sie den Gruß erwidert hat, kann ich nicht sagen. Ich wollte Frau G. nur etwas fragen, weil ich ihr am 5. 7. eine Entscheidung gestellt hatte, wie es damit wäre.

Ich sagte Anna was. In diesem Augenblick hatte ich nicht mehr meine Schwester oder besser ausgedrückt Frau G. vor mir, sondern eine hysterische Bestie. Mir ist bekannt, daß bei diesem Urteil eine Beleidigung sein dürfte, es ist aber noch nicht die gröbste Einschätzung der Person.

Frau G. gröhlte, schreien wäre zu fein. Ich sollte mich was schämen, ich wollte meinem Paten (Vaters Bruder) Land übern Kopf verkaufen, wo ich garnichts von wissen sollte. Frau G. tippte sich dauernd mit ihrem Finger vor ihren Kopf, und den Handrücken an meiner Nase. Ich konnte es vor meiner innerlichen Ruhe aber nicht mehr leiden, mit dem Handrücken von Frau G. meine Nase zu putzen. Ich gab der Hand von Frau G. eine Abwehrung und die genannte war wie ein Blitz aus heiterm Himmel im Feldweggraben verschwunden. Frau G. sprang aus dem Graben heraus. Die ordinärsten Ausdrücke kamen aus ihrer wohl nicht mehr gut erzogenen Kinderstube zum Ausdruck. Dieselbe rief ihrem unehelichen, nicht minderjährigen, sondern minderwertigen Ladenkassenräuber zu: «Onkel Heinrich hat mich geschlagen, Du bist Zeuge!» Meine Tochter stand auch dabei, die schüttelte nur den Kopf und sagte nachher: «Die Frau hätte müssen mit dem blauen Wagen weggebracht werden.» Frau G. war immer noch am gröhlen. Sie machte mich von einem dummen Schwein zum anderen.

Nun kam das beste. Sie gröhlte: Ich nehme die Kaffeeflasche (rot emailliert, 3/4 bis 1 Liter groß), werfe dich die an Halz, ich schlage dich die Flasche auf die Brust.

Ich sage: Was, Du willst Deinen großen Bruder schlagen?

In demselben Augenblick hatte ich auch schon die Flasche auf die Brust sitzen. Ich hatte bis da die Angelegenheit an der Frau als etwas Idiotenhaftes, wie sie es mit meiner Mutter zu tun pflegte, gehalten. Aber ich war schon gesichert, ich gebe die Flasche von meiner Brust einen kräftigen mit. Wenn die vielleicht in oder ans Auge gekommen ist entzieht sich meiner Kenntnis.

Ich gebe nochmals zum Ausdruck. Geschlagen habe ich Frau G. nicht. Hätte ich ihr einen gegeben und einen Elfer hinterher, wäre sie nicht im Feldgraben sondern überweg geflogen.

Jetzt begann von Frau G. das Schauspiel. Sie legte sich in den Feldgraben, gröhlte Hilfe, hob die Beine in die Luft nicht den Kopf. Ich erkannte ihre Machenschaft, sagte ihr, wenn du gröhlen kannst kann ich es auch, wollte ihr doch noch behilflich sein daß Leute rankämen. Aber niemand kam, war auch keiner zu hören und zu sehen. Der beliebten Dame, der jeder so richtig hold ist im Dorf, ist man gerne aus dem Weg gegangen.

Heinrich A.

in der Gemeinde als Gemeinderat und mehrere öffentliche Posten

Zum Schluß wollen wir mal einen Blick in das Urteil aus so einem Privatklageverfahren werfen. Um Beleidigung war es dort gegangen. Das Amtsgericht hatte jedoch Rechtsfrieden stiften können und den Angeklagten zu einer Geldstrafe verdonnert. Jedesmal nun, wenn der so erfolgreich Rehabilitierte die Urteilsgründe zur Hand nimmt, dürfte ihn erneut dieses tiefe Gefühl der Genugtuung durchströmen.

Dem Angeklagten ist vom Privatkläger zur Last gelegt worden, ihn am 12. August gegen 1.30 Uhr beleidigt zu haben, indem er im Rahmen eines Notfalleinsatzes erklärte: «Dr. Brausewein ist sowieso der bescheuertste Arzt von ganz Cestedt!»
In der Hauptverhandlung hat sich dieser Vorwurf bestätigt.

14. Nachbarn

Wahrscheinlich ist es wirklich so, daß nachbarschaftliche Beziehungen ganz überwiegend harmonisch, mitunter auch freundschaftlich, zumindest aber neutral gestaltet sind. Nur ganz wenige Nachbarn, so will ich einfach glauben, sind sich so richtig von Herzen spinnefeind, beharken und bekriegen sich gegenseitig und tragen ihre Fehden vor Gericht aus.

Zivilrichtern, die häufig mit dieser Klientel zu tun haben, könnte sich da ein anderes Bild aufdrängen. Diese Kollegen stehen zudem in der Gefahr, auf Dauer die Lust an ihrem Beruf zu verlieren, Aversionen zu entwickeln und sarkastisch zu granteln.

Solchen Gefahren will begegnet sein. Beispielsweise damit, daß man einen Nachbarschaftskrieg zwar durchaus ernst, ihm aber zugleich auch etwas von seiner Schwere nimmt, indem man den Fall nicht nur juristisch trocken, sondern auch mit einer Portion Witz anpackt, mit einem Quentchen Schalk, einer Prise Ironie. Und ruhig auch mal hörbar aufstöhnt, das befreit.

Die Parteien sind zutiefst miteinander verfeindet, wobei die Vorfälle, welche zu dem Zerwürfnis führten, dem Gericht aufgrund abgeschlossener Verfahren teilweise amtsbekannt sind, teilweise im Verlaufe vorliegenden Verfahrens in schrecklicher Ausführlichkeit seitens des Beklagten mitgeteilt wurden.

Aktueller Stein des Anstoßes: der Ausruf «Briefkastenkacker!» So nämlich sollen die noch deliktsunfähigen (aber wohl recht sprachgewandten) Kinder des Beklagten die Kläger auf offener Straße beschimpft haben – vor Passanten und mit väterlicher Duldung. Eingeklagt wird deshalb Schmerzensgeld wegen einer Persönlichkeitsrechtsverletzung.

Der Beklagte allerdings bestreitet – und wenn, dann hätten die Kläger sich das Ganze selbst zuzuschreiben. Denn immerhin habe im Briefkasten des Beklagten eine Zeitung gesteckt, verschmiert mit offensichtlich menschlichem Kot, und er unterstelle den Klägern einfach, diese Verunreinigung selbst bewerkstelligt zu haben.

Schmerzensgeld, das wissen die Juristen, gibt es in diesen Fällen nur unter sehr eingeschränkten Bedingungen. So müßte zunächst einmal eine besonders schwerwiegende Verletzung des Persönlichkeitsrechts festzustellen sein.

Das Gericht in seiner gründlichen Art hakt hier sogar noch früher ein:

Es ist schon äußerst fraglich, ob die den Klägern zuteil gewordene Bezeichnung als «Briefkastenkacker» überhaupt eine Verletzung des geschützten Persönlichkeitsrechts darstellt. Bei unbefangener Betrachtungsweise enthält die Bezeichnung als «Briefkastenkacker» nur die Beschreibung einer besonders unbequemen Art und Weise, eine Verrichtung auszuführen, für welche die normalen Zeitgenossen erheblich mehr an Wärme, Gemütlichkeit und Ruhe benötigen, als ein Sitz auf dem Briefkasten im Zweifel zu bieten imstande ist. Bedenkt man weiter, welch erheblicher Prozentsatz der normalen Bevölkerung Wert auf eine abgeschlossene Tür sowie angemessene Lektüre in Form von Tageszeitungen, Taschenkrimis oder Mickymausheften legt, läßt sich nicht von der Hand weisen, daß der Begriff «Briefkastenkacker» durchaus sogar mit einem Unterton von Respekt und Bewunderung gebraucht werden kann.

Auch eine besondere Schwere der angeblichen Persönlichkeitsverletzung vermag das Gericht nicht auszumachen.

Es fällt nämlich auf, daß die Kläger die ihnen von dem Beklagten unterstellte Verunreinigung seines Briefkastens keineswegs bestritten haben. Lediglich in einem eigenhändigen Brief der Kläger, welcher dem Gericht zwar zur Kenntnis gebracht wurde, aber ausdrücklich von dem Rechtsvertreter der Kläger nicht zum Gegenstand eines schriftsätzlichen Vortrags gemacht wurde, wird die Vermutung geäußert, der Beklagte habe die Verunrei-

nigung seines Briefkastens insoweit selbst zu vertreten, als er möglicherweise im Suff seine Morgenzeitung mit Klopapier verwechselt habe.

Dies erscheint dem Gericht allerdings unwahrscheinlich, da eine konsequente Weiterverfolgung dieses Gedankenganges ergibt, daß der Beklagte die als Klopapier benutzte Zeitung nach Gebrauch und nach Feststellung des Irrtums wieder in den Briefkasten zurückgebracht haben müßte, offenbar in der kindlichen Hoffnung, der zweckentfremdete Gebrauch der Zeitung würde vielleicht nicht bemerkt werden. Ein solcher Grad an Trunkenheit kann dem Beklagten in Anbetracht der in Frage stehenden Tageszeit allerdings nicht unterstellt werden ...

Im übrigen steht aufgrund des sonstigen wechselseitigen Vorbringens der Parteien fest, daß die üblichen nachbarschaftlichen Unterhaltungen der Parteien bevorzugt die Gegend südlich des Körper-Äquators zum Gegenstand hatten. Z. B. hat der Beklagte unwidersprochen vorgetragen, die Kläger hätten ihn des öfteren mit «Arschloch» und «Scheißkerl» bezeichnet und der Hoffnung Ausdruck gegeben, man solle ihm, dem Beklagten, «die Eier abschneiden». Auch vor diesem Hintergrund erscheint der Ausdruck «Briefkastenkacker», selbst wenn er gefallen sein sollte, nicht als besonders schwer, sondern als dem Umgangston zwischen den Parteien angemessen.

Nach Auffassung des Gerichts scheitert ein Schmerzensgeldanspruch zudem daran, daß eine Gegendarstellung oder ein Widerruf, was beides nicht beantragt wurde, weit wirksamer wären als die Zuerkennung von Geld. Dies vor dem Hintergrund, daß ein Fortzug der Kläger ansteht (was das Gericht an anderer Stelle mit großer Erleichterung registriert).

Was aber nutzt den Klägern in ihrem neuen Wohnort ein zusätzlicher Betrag von DM 500,–, wenn sie weiterhin in dem Bewußtsein leben müssen, daß ihre ehemaligen Nachbarn nach wie vor glauben, sie, die Kläger, seien Briefkastenkacker, und sich die Nachbarn möglicherweise die entsprechenden plastischen Vorstellungen auch für den Fall machen, daß die Veran-

kerung des Briefkastens im Mauerwerk eines Tages nicht mehr hält.

Da das Gericht schließlich auch keine Verletzung der Aufsichtspflicht bei den Kindern des Beklagten erkennen kann, ist es mit dem Schmerzensgeld Essig. Das Urteil endet jedoch nicht ohne einfühlsamen Trost und praktische Tips.

Den unterlegenen Klägern sei als Trost mitgeteilt, daß sie nicht die Ersten und vermutlich auch nicht die Letzten sind, die vor den Schranken eines Gerichts Gerechtigkeit verlangen, aber wegen der kleinlichen Vorschriften des BGB und der ZPO über die Voraussetzungen schadensersatzbegründender Handlungen sowie über die Beweislastregeln nur ein Urteil erhielten. Die Kläger wären vermutlich besser beraten gewesen, sich gegenüber dem «Angriff» der Kinder des Beklagten sofort und mit angemessenen Mitteln zur Wehr zu setzen, ungefähr nach folgendem Motto:

> *Ruft vom Nachbarn der Racker*
> *laut «Briefkastenkacker»*
> *und Du fühlst Dich gekränkt*
> *von Rache gelenkt,*
> *so antworte schnell und nicht unbedingt leiser*
> *«Windelscheißer».*

Weiß man erst einmal um die Wahrheit hinter den Fassaden, so betrachtet man auch das Idyllische skeptisch.

Die Parteien sind Grundstücksnachbarn in Brodelstedt, einem dem Gericht aus einer Reihe von Ortsbesichtigungen wohl bekannten, beschaulich und gemütlich wirkenden Ort, dessen schmucken Fachwerkfassaden und gepflegten Vorgärten nicht anzusehen ist, welche schwerwiegenden, teilweise an kriegerische Auseinandersetzungen erinnernden Streitigkeiten zwischen verschiedenen Nachbarn über die Grenzzäune hinweg und teilweise wegen derselben toben.
Das Schlachtfeld der Parteien vorliegenden Rechtsstreits befindet sich an der nördlichen Grundstücksgrenze des Beklagten,

welche leider Gottes gleichzeitig die südliche Grundstücksgrenze des Grundstücks des Klägers bildet.

Wie in unzähligen solcher Fälle ging es auch hier um Pflanzen mit angeblich zu geringem Grenzabstand, war man allergisch gegen überhängende Zweige und störte ein überbauter, will hei-ßen bereits auf Feindesland eingerammter Zaunpfahl.
Einzelheiten zu Pyramidenpappeln, Zypressen und dergleichen möchte ich Ihnen aber ersparen und aus der Entscheidung nur noch die Erkenntnis liefern, daß sich manches auch ohne ge-richtliches Zutun erledigt.

Bezüglich der Weidenbäumchen hat sich im Verlauf der Ortsbe-sichtigung bereits herausgestellt, daß die Hauptsache in Bezug auf eines der Bäumchen insoweit erledigt ist, als es eingegangen ist.
Die Richtigkeit der in diesem Zusammenhang von dem Beklag-tenvertreter geäußerten Vermutung, das Absterben der Pflanze könne darauf zurückzuführen sein, daß der Kläger dem Bäum-chen einen Schriftsatz seines Rechtsvertreters vorgelesen habe, kann in diesem Zusammenhang dahinstehen. Es ist zwar in der biologischen Wissenschaft mittlerweile anerkannt, daß z. B. Zier- und Zimmerpflanzen desto besser gedeihen, je mehr Zuwendung beim Gießen und Düngen die menschlichen Eigentümer ihnen angedeihen lassen, und daß diese Pflanzen zum Kümmern und Welken neigen, wenn ihnen das benötigte Frischwasser bzw. der Dünger ohne freundlichem Zuspruch und eher gleichgültig ver-abreicht wird. Der Beklagte hat sich aber selbst nicht darauf be-rufen, daß der Kläger wegen der Pflanzen entlang der Grund-stücksgrenze zu einer derartigen Selbsthilfe gegriffen hat.

Neben den Zivilgerichten ist es natürlich auch die Strafjustiz, die nur zu gern zwischen die nachbarlichen Fronten gezogen wird. So sollte laut Strafanzeige eine Jugendliche ihren Nach-barn als

albernen Zwerg

bezeichnet haben. Das war zwar alles andere als fein, gleichwohl hielt die Staatsanwaltschaft eine Einstellung nach Jugendrecht für ausreichend, verbunden mit einer schriftlichen Ermahnung und einer Eintragung im Erziehungsregister.

Als ihr Vater das erfuhr, griff er aufgebracht zum Telefonhörer. Was der Staatsanwaltschaft denn einfalle, der Vorwurf treffe doch gar nicht zu! Er persönlich könne bezeugen, daß seine Tochter diese Worte niemals in den Mund genommen habe. Sie habe etwas ganz anderes gerufen, und der Vater verriet auch gleich, was:

asozialer Hund.

Zum Schluß noch eine Empfehlung aus der Praxis: Bei wirklich extremer Exkrement-Kriminalität sollte man sich niemals auf der unteren polizeilichen Sachbearbeiterebene abspeisen lassen, sondern immer gleich den örtlichen Polizeichef einschalten, so wie es hier nachträglich, aber hoffentlich nicht zu spät geschah.

Ich beschuldige Olaf Wurstig von gegenüber, mir menschlichen Kot in meine Hausmülltonne abgelegt zu haben. Diese haßerfüllte Missetat an meiner Person erfolgte in Abständen bis zu fünf Mal. Mein Sohn und meine Nachbarin Frau Nüster sind Zeugen, ihnen habe ich das Material gezeigt.
Ich habe damals mit Ihrem Kollegen Herrn Polizeikommissar Taublauscher telefonisch Kontakt aufgenommen, ohne Erfolg.
Sehr geehrter Herr Spürhase, heute bitte ich um Ihre fachkompetente Hilfe, um diese Sauerei nun endlich zur Aufklärung zu bringen.

15. Schwieriges und Schmieriges

Sich im Paragraphendschungel zurechtzufinden, dort zum Recht zu finden, das ist auch für gestandene Juristen nicht immer einfach. Bei notwendigen Gesetzesänderungen achtet unser Gesetzgeber deshalb peinlich darauf, bewährte Transparenzen nicht zu trüben.

§ 17 wird wie folgt geändert:
In Absatz 1 Satz 1 wird die Angabe «§ 11 Abs. 2 Satz 2 Nr. 5, Abs. 4 Satz 2 Nr. 4, auch in Verbindung mit § 12 Abs. 2, nach § 12 Abs. 3 Satz 2 Nr. 5 und 6, § 15 Abs. 1 Satz 2 Nr. 2 und 4, Abs. 3 Satz 2 Nr. 2, 4 und 5» durch die Angabe «§ 10 Abs. 2 Satz 2 Nr. 5, Abs. 3 Satz 2 Nr. 4, auch in Verbindung mit § 12 Abs. 2, nach § 12 Abs. 2 a Satz 2 Nr. 1 und 4, § 15 Abs. 1 Satz 2 Nr. 2 und 4, Abs. 3 Satz 2 Nr. 2, 4 und 5» ersetzt.

(2. GenTG-ÄndG, Bundesgesetzblatt I 2002, 3220)

Wem das nun Bauch§ bereitet haben sollte, der ahnt vielleicht, warum in einer elektronischen Patientenakte Formulierungen wie

Rücken§ oder *immer noch nicht §frei*

herumgeisterten, als Symbol für Schmerz also ausgerechnet das §-Zeichen herhalten mußte.

Aber es gibt auch Schwieriges, für das ausschließlich das Leben selbst verantwortlich ist. Aus einem Polizeibericht:

Entgegen den Angaben des Meier, daß der Kevin ihm gesagt habe, daß der Maik Krause zu Kevin gesagt habe, daß er nicht mehr bei Meier arbeiten brauche, da er bei diesem ja Geld steh-

len würde, konnte ermittelt werden, daß nicht Maik das zu Kevin gesagt hat, sondern der Kevin zu dem Maik!

Daß das Erbrecht ebenfalls keine leichte Materie ist, zeigt dieses Zitat aus einer Examensklausur:

Grundsätzlich ist eine völlige Enterbung des Sohnes nicht möglich, da diesem auch nach einer Enterbung immer noch das Pflichtteilsrecht zusteht. Eine Ausnahme bestünde nur dann, wenn eine Ausnahme vorliegen würde.

Formuliert nach Vorbildern aus der Politik.

Das, was heute vereinbart worden ist, ist vereinbart.

(Bundeskanzlerin Angela Merkel im Jahr 2006 nach Einigung in der Großen Koalition über strittige Fragen der Gesundheitspolitik.)

Weshalb wohl kaum verwundert, wenn der Bürger manche politischen Ereignisse geradezu als Unfall empfindet, was sogar sprachlich abfärbt:

Ich habe Gas gegeben in der Hoffnung, noch schnell an dem Auto vorbei zu kommen, um so einer Koalation zu entgehen.

Weil ein Zivilrichter mit einer Klageschrift so seine Schwierigkeiten hatte, erlaubte er sich diesen Hinweis an den Anwalt:

Die Klageschrift kann nicht nachvollzogen werden, dürfte demnach zunächst unschlüssig sein.

Aber welcher Anwalt hört so etwas schon gern.

Wenn Sie meine Klageschrift nicht nachvollziehen können, müssen Sie diese etwas aufmerksamer und ein zweites Mal langsamer lesen. Dann werden Sie nämlich sehr schnell und wortwörtlich lesen, was wann für welche Zeit incl. oder excl. vereinbart war und was ggfs. nicht trotz Mahnung mit vergeblich abgelaufener Nachfrist nicht gezahlt worden ist und was

also Klageanlaß ist. Ca. ab Mitte S. 2 meiner Klagegründe sollten
Sie daher mit weniger Flüchtigkeit ungeachtet der Fülle Ihres
Tagesgeschäfts ebenso aufmerksam lesen, daß dort lediglich steht:
«Klageanlaß besteht ferner auch deshalb, weil ... gedächte».
Ferner ist die Nachreichung der Original-Mietvertragsurkunde
im nächsten Termin ausdrücklich angeboten und als weiterer
Beweis eidliche Parteivernehmung sowie hier vorsorglich zzgl.
Anhörung des Klägers.
Ich habe die Klageschrift ferner dem bei uns derzeit tätigen
Dachdeckerlehrling zu lesen gegeben und ihn gefragt, was ich
weshalb für wen wofür und woraus und mit welcher Fälligkeit
für welche Zeitabschnitte incl. oder excl. Zusatzbeträgen haben
will und weshalb möglicher Klageanlaß besteht und weshalb
«ein weiterer», nämlich zusätzlicher «Klageanlaß» besteht, so
daß ungeachtet sonst üblicher Vertragstreue der Kläger hier wohl
zum Kadi rennt, weil er

1. *den Oktobermietzins trotz Mahnung und anwaltlicher Nach-*
   fristsetzung nicht bekommen hat u n d
2. *weil er während der gesamten bisherigen Vertragsdauer sehr*
   unzuverlässig spät und teilweise durch Vorenthaltung ver-
   traglicher Leistungen provoziert worden ist.

Der Lehrling hat mir erklärt, daß der vorgenannte Klageinhalt
einen Prozeß wert sei. Ihre Formulierung: «dürfte demnach zu-
nächst unschlüssig sein» kann ich selbst also mit meinem Dach-
deckerlehrling nicht nachvollziehen.
Darüber hinaus würde mir mein Mandant als verständiger und
erfolgreicher Geschäftsmann sehr schnell gesagt haben, was ich
wo wie ggf. besser zu machen hätte, ob ich alles in seinem Sinne
in dieser verdammt simplen Rechtssache zutreffend und erschöp-
fend zu Papier gebracht habe, so daß ich also Ihre vernichtende
Kritik in dieser verdammt simplen Rechtssache mit Befremden
zurückweisen muß.
Sokrates hat einmal gesagt: «Gnothi sauton.»

Also nicht etwa «Sau tot»; dennoch endete der Schriftsatz mit:

Waidmannsheil

Worauf nun wieder das Gericht am Drücker war:

Der Kläger wird weiterhin darauf hingewiesen, daß die Gerichtssprache deutsch ist. Somit kann die Klageforderung jedenfalls so lange nicht zuerkannt werden, wie der Kläger keine Übersetzung für sein Zitat von Sokrates: «Gnothi sauton» zum Gegenstand der Verhandlung macht.

Ein Einwand, der das Gericht nur erneut in die anwaltliche Schußlinie brachte.

Die Vorschrift über deutsche Gerichtssprache gilt nicht für Originalzitate fremdsprachlicher Herkunft. Bei verständiger Würdigung und normalem richterlichen Wohlwollen wäre übrigens unverkennbar, daß der Schlußsatz meiner Klage offenbar nichts mit der Klagebegründung als solcher zu tun hat, sondern lediglich der Beantwortung richterlicher Verkennung dient, und zwar nur im Zusammenhang mit der Wertung der Klage als simpler lumpiger Rechtssache schlechthin, bei deren Substantiierung man gar nix falsch machen kann, selbst wenn man es wollte.
Der vorgenannte Spruch ist Altgriechisch und nach Sokrates um 400 v. Chr. die Inschrift im nachmaligen Apollotempel in Delphi: «Erkenne dich selbst». Dies hatte Sokrates in einem Fortbildungsseminar für Zivilrichter gesagt.

Der Unterschied zwischen «anscheinend» und «scheinbar» ist anscheinend schwierig und selbst prominenten Zeitgenossen vielfach nicht geläufig; sie beherrschen unsere Sprache insoweit nur scheinbar.
Anders dieser Zeuge, der mit seiner ungeschminkten Betrachtungsweise ein Geschehen als das entlarvte, was es seiner Aussage nach anscheinend war: ein Schmierentheater.

Heftig gestikulierend und scheinbar wütend kam der Mann mit puderrotem Kopf aus dem Festzelt gelaufen.

Aufhorchen ließ dieser Polizeibericht:

An der Hauswand befindet sich ein männliches Geschlechtsteil.

Allerdings:

Dieses ist in der Farbe lila gesprüht.

Geschnappt werden solche Täter nur selten, geht es bei Graffiti doch nun mal zu wie geschmiert.

Er steht in Verdacht, zu den Farbschmierereien Beihilfe durch Schmierestehen geleistet zu haben.

Und wenn, dann kommen Einlassungen, hart am Rande zum Größenwahn.

Das Wort «Sau» ist so niedrig geschrieben, das kann nur eine kleine Person gemacht haben. Und ich bin 1,90 m groß. Mit Sicherheit war ich das mit der Schmiererei nicht.

Im übrigen gilt: Immer schön die Hände waschen, sonst droht Ärger.

Sollten Sie mit Ihren schmierigen Pfoten nochmals meinen Pkw berühren oder meine Lebensgefährtin belästigen, sehe ich mich gezwungen, Sie privat zu kontaktieren.

Was einen Rechtsanwalt nicht hinderte, dem Präsidenten des Landgerichts anzukündigen:

Sollte ich binnen der gesetzten Frist keinerlei Reaktion von Ihnen oder dem Landgericht feststellen können, müßte ich die Präsidentin des Oberlandesgerichts befassen.

16. Korrespondenz

Korrespondenz – aus Sicht eines Anwalts scheint das so eine Art Vorspiel zu sein.

Aus einer Zivilklage:

Es kam zu Korrespondenz und schließlich zu Schriftverkehr.

In Briefen an die Justiz bekennen sich Geläuterte mitunter hemmungslos zu ihrer Vergangenheit. Etwa so:

Mit freundlichem Gruß
Ehemaliger Dieb
Unterschrift

Anderen muß vielleicht erst noch mit Zwangsmaßnahmen gedroht werden, damit sie zum Beispiel endlich ihre Geldbuße zahlen, dann aber heißt es:

Danke für die trostreiche Behandlung,
ein gezähmter Widerspenstiger
Unterschrift

Wieder andere erweisen sich als zähmungsresistent.

Die 125 € werden nicht bezahlt. Zur Erzwingungshaft werde ich unsere Rinderherde von ca. 160 Tieren mit ins Zuchthaus bringen.

Daß diese Drohung nicht zieht, weiß er natürlich. Deshalb nun mit juristischem Scharfsinn:

Da keine Ersatzkraft zur Versorgung der Tiere zur Verfügung steht, kommt eine Erzwingungshaft schon gemäß Tierschutzgesetz nicht in Frage.

Wer mit der Justiz noch nicht so ganz im reinen ist, ihr aber schon Lösungsvorschläge unterbreitet hat und nun auf eine positive Reaktion hofft, der schreibt vielleicht:

Bitte um eine sehr nette Antwort.

Oder, mit Freudschem Einschlag:

Ihrer Nachsicht sehe ich mit Interesse entgegen.

Manchem dämmert vielleicht, daß man sich schon mal im voraus bedanken könnte.

`ich bedanke   mich   schummer   in  vor  raus`

Läßt die Justiz dann so gar nichts von sich hören, wie fragt man am geschicktesten nach?

Untertänigst, ohne Ihren Betriebsfrieden stören zu wollen, bitte ich um eine Information über den Stand der Dinge.

Kommt schließlich die Antwort, hält sich die Begeisterung aber womöglich in Grenzen.

Sagen Sie, saufen Sie da bei der Staatsanwaltschaft und wissen hinterher nicht, was Sie tun? Oder wie darf ich Ihren abgegebenen Müll sehen?

Auch mokiert der Bürger sich dann schon mal über diese

minderwertig gebildeten Personen in den Behörden.

Natürlich ist nicht jeder scharf auf Post von der Justiz, besonders wem sie ständig ins Haus flattert. Da mag der Inhalt an sich noch so berechtigt sein, gerade das macht die Sache ja zur Plage. Also sinnt man auf Abhilfe. Die sah hier so aus: Spezialetikett auf Umschlag anbringen, Briefgeheimnis wahren und wieder ab die Post.

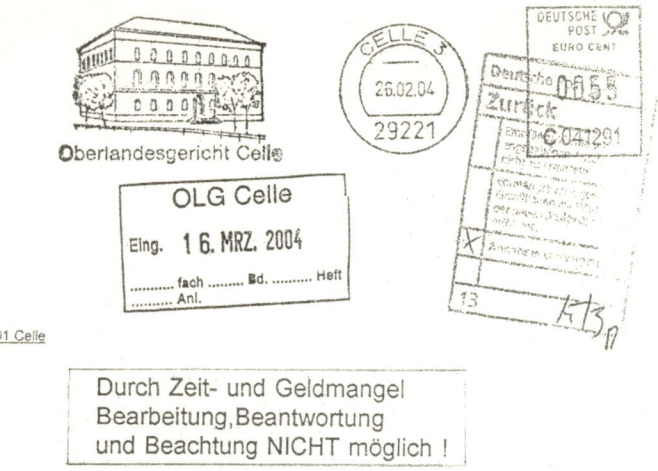

Auch polizeiliche Vorladungen können ungelegen kommen.

Lieber Herr Kommissar Kieker,

es tut mir leid, daß ich Ihrer freundlichen Einladung nicht Folge leisten kann. Ich habe für den 19. 4. d. Js. bereits einen anderen Termin, den ich nicht mehr absagen kann.
Nehmen Sie zum Zeichen meiner Hochachtung die beigefügte Sonderausgabe unserer Vereinszeitung, welche Ihnen sicherlich mehr Freude macht als ein Gespräch mit mir.
Ich könnte und möchte Ihnen zur Sache auch keine Angaben machen.
Zur Person muß ich Ihnen leider mitteilen, daß ich mit an Sicherheit grenzender Wahrscheinlichkeit nach meiner Geburt in der Klinik vertauscht wurde, also gar nicht der «Harry Hase» bin.

Was nun?
Mit freundlichen Grüßen
Ihr Harry Hase

Daß der Staatsanwaltschaft die Tatkraft ihrer treuesten Anzeigeerstatter besonders am Herzen liegt, versteht sich von selbst. Trotzdem ist man dort dankbar für jeden weiterführenden Hinweis.

... Was da also geschehen ist, ist zweifellos ein Verfahrensfehler, und ich fasse das als Bedrohung auf. Auch dafür gibt es garantiert noch eine Strafanzeige von mir bei Ihnen! Garantiert alles fristgerecht und garantiert immer mit allen mir möglichen Rechtsmitteln. Auch wenn da wenig oder gar nichts raus kommt, wer schreibt, der bleibt! Das ist mein Motto. Und immer, garantiert immer gibt es ein Rechtsmittel gegen jede deutsche staatliche Zwangsmaßnahme!
Wenn ich das einmal nicht machen sollte, rufen Sie bitte sofort unter 110 den Notarzt an, denn dann ist mir etwas Schreckliches passiert.

Die Beschützerinstinkte der Staatsanwaltschaft – als Anzeigeerstatter weckt man sie vielleicht am ehesten dadurch, daß man sich kleiner macht, als man ist.

Zwar handelt es sich bei mir um eine Bagatelle, Anzeichen krimineller Energie sind aber unverkennbar.

Kriminelle Energie beim Täter, versteht sich. Was aber verbirgt sich eigentlich hinter dieser so oft bemühten Floskel? Zum Glück gibt es kompetente Stellen, die Auskunft erteilen.

Brief an das Bundesjustizministerium:

Vergeblich suche ich seit einiger Zeit eine Stelle, die mir den Begriff «kriminelle Energie» und die Einheit, wonach so etwas ge messen wird, fach- und sachgerecht erklären kann. Leider habe ich im Duden und in den Nachschlagewerken nichts darüber gefunden.

Da in Ihrem Hause sicher die entsprechenden Fachleute vorhanden sind, würde ich Sie bitten, mir kurz den Meßwert zu erläutern und den Begriff etwas detaillierter zu beschreiben.

Nachdem sich im Ministerium das Referat für Energierecht augenzwinkernd für unzuständig erklärt hatte, gelangte die Sache ins Strafrechtsreferat und war dort, wie die mit sichtlichem Spaß verfaßte Antwort zeigt, goldrichtig aufgehoben.

… für Ihre Anfrage danke ich Ihnen sehr, zeigt doch Ihr Schreiben, welches erfreulich große Interesse die Öffentlichkeit an den Fragen der Strafrechtswissenschaft besitzt. Ich werde mich deshalb bemühen, die Auskunft möglichst allgemeinverständlich zu halten, zumal sie – als Formel präzise ausgedrückt – ein hohes Maß an Kompliziertheit aufweist.

Ein krim ist die Maßeinheit für jene Energie, die der einzelne aufwenden muß, um

– sein deliktisches Ziel zu erreichen,

– seinen Verfolgern zu entkommen und

– den deliktischen Erfolg zu perpetuieren.

Da der Aufwand an Energie im direkt proportionalen Verhältnis zur Bedeutung des von ihm zu schädigenden Rechtsguts steht, hat man sich in der Wissenschaft auf eine Formel geeinigt, nach der das obige Ergebnis durch die Zahl der Jahre dividiert wird, um die die konkrete Strafdrohung die aus der Durchschnittszahl aller Strafdrohungen ermittelte übersteigt.

Es kommt mir kein Werturteil über die von Ihnen zu Rate gezogenen Nachschlagewerke zu, doch darf ich Ihnen den unverbindlichen Rat erteilen, sich künftig bei der Anschaffung von Lexika nicht betrügerisch übervorteilen zu lassen. Für den Verkäufer dürfte übrigens angesichts der Strafdrohung des § 263 StGB (Betrug) eine Meßzahl von 3,7251 herauskommen.

Mit freundlichen Grüßen

Richterliche Geduldsfäden sind, individuell bedingt, unterschiedlich stark, erweisen sich aber gerade in Bewährungssachen als oft erstaunlich dehnungsfähig. Andererseits gilt: Was lange gärt, wird endlich Wut.

Zahlen Sie gefälligst die noch ausstehenden 100,– Euro, sonst widerrufe ich Ihnen die Bewährung!
Frist: eine Woche.

Hoffentlich verstrich diese Frist nicht fruchtlos, wünschte man sich doch viel häufiger das, was einmal in einem Urteil stand:

einen frustlosen Fristablauf.

Alternativ kann man auch den Staatsanwalt vorschicken und ihn den Wadenbeißer spielen lassen.

Das Amtsgericht hat mir Ihr Bewährungsheft wegen Ihrer schlechten Zahlungsmoral zur Stellungnahme übersandt.
Sollten sich bei Ihnen derartige Dinge wiederholen, werde ich Ihnen beim Einzug in die Justizvollzugsanstalt behilflich sein.

Volksnah zu formulieren verstehen natürlich auch die Gerichte.

Ich beabsichtige, auf Ihren Antrag hin Ihre Unterstellung unter die Aufsicht der Bewährungshelferin aufzuheben.
Für den Fall allerdings, daß Sie weitere Straftaten begehen und dann im Knast landen, will ich kein Gejammer hören.

In einem Brief an die Staatsanwaltschaft bat eine Mutter um Verzeihung für die Missetaten ihrer Tochter. Um wohl den tiefen Kniefall sichtbar werden zu lassen, endete ihr Schreiben

Mit niedrigsten Grüßen

Auf ähnlichem Niveau bewegte sich auch dieser Ausruf in einer Gerichtsverhandlung:

Herr Richter, ich knie Sie an!

Weil er bei Gericht nicht erscheinen konnte, ließ ein Zeuge dieses Schreiben überbringen. Ob per Butler mit weißen Handschuhen, ist nicht bekannt.

Eine im nachhinein terminierte geschäftliche Besprechung, für deren Vorrangigkeit ich mir Ihres größten Verständnisses sicher bin, der ich heute in den Mittagsstunden meine Anwesenheit zuteil werden lasse, verweist jegliches Einhaltungsbemühen in den Bereich des Unmöglichen.

Von gediegenen sprachlichen Umgangsformen, und das trotz des neuen Jahrtausends, auch dieser gestandene Obergerichtsvollzieher.

Vorgang wurde aus unerklärlichen Gründen verfächert und kommt erst jetzt zur Absendung. Der gegebene Umstand wird von hier aus bedauert und gebeten, außerordentlich zu entschuldigen.

Es gibt aber durchaus noch Steigerungsformen. Da war einem jungen Mann vor Monaten das Fahrrad geklaut worden, ohne daß die Polizei zu helfen vermochte, doch nun hat Kumpel Leo einen Typen beobachtet, der mit genau so einem Bike herumkurvt. Gemeinsam leuchten sie in den Keller des Verdächtigen, und siehe da: Das muß das vermißte Fahrrad sein! Höchste Zeit, ein Dokument aufzusetzen, das eine beeindruckte Polizei auf die Erfolgsspur bringen wird.

Bestätigung

Sehr geehrte Damen und Herren,

mit diesem Schriftstück möchte ich unter deren Aussage von Leo Fuchs festhalten, daß er zum Diebstahl meines Fahrrades fol-

gende Hinweise und aussagefähige Daten zum Tatbestand er-
faßt hat und dessen von mir beschriebenen Fahrraddaten Aus-
kunft geben kann.

Unter Anbetracht behalte ich mir vor, dessen Beweisaufnahme
mit diesem Schriftstück nieder zu schreiben und mit deren Un-
terschrift der genannten Person zur Beglaubigung der Aussage-
fähigkeit besteht.

An dem heutigen Abend den 10. 5. 2005 konnte ich mir unter
dem Angesicht meiner Beschreibung einiger mehrerer besitzei-
genschaften meines Fahrrades bestätigen lassen, dieses mir am
7. 1. 2005 aus dem Fahrradkeller entwendet wurde.

Daraufhin bestand ich der sofortigen Festsetzung der Daten die-
sen unterschlagenen Kurzbericht zu erstellen, um der wahrhafti-
gen Wirklichkeit und dessen Wahrheitspflicht nachzukommen.

Mit freundlichen Grüßen

Und Kumpel Leo:

Hiermit bestätige ich, Leo Fuchs, den verfaßten Kurzbericht zur
Kenntnis genommen zu haben und es der Wahrheitspflicht ent-
spricht.

Warum eigentlich so bombastisch? Es geht doch auch ganz einfach:

Der Zeuge hat erklärt, daß er zu zeugen bereit ist.

17. Verkehr

Immer wieder geraten Autofahrer an Ampeln ins teure Rotlichtmilieu, wenn Sie verstehen, was ich meine. Aus der Fülle der
Ausreden nur diese:

Das Fahrzeug beschleunigte, ohne daß mein Mandant Gas gab.

Technische Einwände wirken jedoch oft wie aus der Luft gegriffen.

*Ich kann mir beim besten Willen nicht vorstellen, schneller als
30 km/h gefahren zu sein, da ich vorher gegenüber der Post
geparkt hatte und von dort losfuhr, als es auch schon blitzte. Vor
mir fuhr jedoch ein «Sprinter», so daß ich vermute, sein Fahrt-
wind könnte die Messung beeinflußt haben.*

Wie die Praxis beweist, ist es allerdings regelmäßig der Faktor
Mensch, dem Versagen vorzuwerfen ist.

*Der Tote fuhr, vermutlich nach Herzinfarkt, allein im Auto sit-
zend auf der Kasseler Landstraße stadtauswärts völlig unver-
mittelt nach rechts gegen eine Ampel.*

Und ein Autofahrer:

*Ich mußte dem Verstorbenen ausweichen, weil dieser mir auf
meiner Fahrbahn entgegenkam.*

Sind noch weitere Personen beteiligt, so werden sie polizeilich
genau zugeordnet.

Anwesend war auch der Beifahrer des Unfalls.

Für jemanden, der 500 m hinter dem Ortsschild mit 87 km/h ge-
blitzt worden war, hatte sich sein Verteidiger folgendes über-
legt:

*Mein Mandant hat das Ortsschild wegen eines sog. «Augen-
blicksversagens» nicht wahrgenommen.*
Das Ortsschild war nur einseitig angebracht. Beim Passieren
des Ortsschilds bzw. mutmaßlich kurz zuvor hatte mein Man-
dant einen Niesreiz in der Nase. Aus diesem Grund mußte mein
Mandant dreimal in unmittelbarer Folge heftig niesen. Dabei
schloß mein Mandant seine Augen reflexartig für einen kur-
zen Augenblick. Anschließend war meinem Mandanten noch
für einen ganz kurzen Augenblick schwarz vor Augen. Aus
dem dargestellten Grund hat mein Mandant das Ortsschild
nicht wahrgenommen. Wegen des plötzlichen Niesens, das zu
einer Anspannung am gesamten Körper führte, konnte mein
Mandant sich nicht auf die Bedienung des Fahrzeugs konzen-
trieren.

Sein Flensburger Punktekonto schon vor Jahren überzogen
und deshalb längst die Fahrerlaubnis eingebüßt, wollte es ein
Autoliebhaber wieder einmal wissen und ließ sich amtlich dabei ablichten, wie er auf der Autobahn in eine Radarfalle
rauschte.
Sonnenklar, daß so einer wegen vorsätzlichen Fahrens ohne
Fahrerlaubnis verknackt wird – oder etwa doch nicht? Immerhin weist das Frontfoto einen schemenhaft abgebildeten Beifahrer auf. Und wenn man sich jetzt noch etwas dumm stellt,
könnte man ja hoffen, daß das Gericht drauf reinfällt.

Schauen Sie selbst (wohlgemerkt ein deutscher Angeklagter):

```
BETRIEFT;ANKLAGE; ████████████GEMAK ING ████████

AM; █,10,1999

ICH;BIN;NICHT;VORSÄZLICH;ODER;APSICHTLICH;GEFAREN:

DER;BEIFARER;WAR;DER;FACHRER;

DA;ER;SICH;NICHT;MER;IN;DER;LAGE;WAR;DAS;FARZEUG;ZUFÜREN

WEIL;ER;SICH;ÜBERGEBEN;MUSTE;UND;DIE;FARBAN;MARKIRUN;NICH

MER;SAHR;AUS;DIESEN;NOTFAL;FUHR;ICH;ZERKE █,5  kilonmeter

UM;DEM;KOLEGEN;ZUR;TANGSCHTELE;ZUBRIENGEN;UM;DA;HIELFE;

HIENZUSUZIHEN;DER;KOLEGE;AUS; █████;WOLTE;KEINEM;KRANKENWAGEN;

ER;RUTE;ZERKA;ZWEI;BIS;DREI;STUNDEN;

UND;ENT;SCHIET;SIECH;WEITER; ZUFAREN;SELPS;SCHTENDIG;

DER;NAME;DES;KOLEGEN;WEIS;ICH;LEIDER;NICHT;ICH;KENE;NUHR

DEN;SCHPIZ;NAMME; █████;DA;KOMT;ER;AUCH:HER;

DAHER;FERSIECHERE;ICH;IHNEN;ICH;BIN;NICHT;APSICHLICH;

GEFAHREN;
```

Wer mit einem anderen unter einer Decke steckt, erregt womöglich dies und jenes, zu leicht aber auch das Mißtrauen Dritter.

Mein Mandant ging auf das Fahrzeug zu und konnte dann feststellen, daß der Mann am Steuer zumindest am Oberkörper unbekleidet war. Daneben kauerte eine Person, die eine Decke über sich gezogen hatte. Es handelte sich um eine Dame, mit der der betreffende Fahrer offensichtlich außergeschlechtlich verkehren wollte.

Was den Mandanten, einen Jäger, fast an die Decke gehen ließ, so sehr ärgerte er sich. Man befand sich schließlich auf einem Gelände,

das nicht zum öffentlichen Verkehr zugelassen ist.

Dabei stehen geeignete Flächen im öffentlichen Bereich durchaus zur Verfügung, auch wenn die Polizei das nicht so offen aussprechen mag.

Der Zeuge teilte hiesiger Dienststelle mit, daß er zwei Fahrzeuge auf dem Parkplatz beobachtet habe, und nannte die Kennzeichen. Halterfeststellungen ergaben, daß es sich hierbei um eine männliche Person und eine weibliche Person handelte, die offensichtlich die Abgeschiedenheit des Parkplatzes zum Austausch menschlicher Beziehungen im Bereich der nonverbalen Kommunikation benutzten.

In einem Schreiben an die Staatsanwaltschaft nannte ein Ordnungsamt die Dinge beim Namen.

Betreff: Absichtliches Herbeiführen eines Verkehrsunfalls
Aus den beigefügten Unterlagen könnte sich das Vorliegen einer Straftat ergeben. Unter Annahme, daß die Versicherung der Unfallbeteiligten 01 den Schaden ersetzt, würde der Beteiligte 02 durch diesen Ersatz einen geldwerten Vorteil erlangen, den er m. E. absichtlich herbeigeführt hat (Autobumserei).

Der sogenannte Straßenstrich hat durchaus seine Tücken. In diesem Fall aus den Siebzigern war eine Prostituierte nach getaner Arbeit von ihrem Freier sogar ausgeraubt worden. Erst ein brutaler Schlag ins Gesicht, dann floh der Täter mit Handtasche, Geld und Papieren.

An das Autokennzeichen erinnerte sich die Geschädigte nur unvollständig, dafür fiel ihre Täterbeschreibung, erfragt anhand eines polizeilichen Vordrucks, relativ deutlich aus.

Dick sei der Täter gewesen, so kam dabei heraus, mit dunkler Hornbrille, länglichem Gesicht, Mittelscheitel und schmalen gepflegten Händen. Und außerdem, trotz aller widrigen Umstände, offenbar ein echter Gentleman, denn unter dem Stichwort «Auffälligkeiten im allgemeinen persönlichen Verhalten» wurde es ausdrücklich betont:

Gute Manieren, fragte vor dem GV, ob er Krawatte ablegen dürfe.

Auch in einem anderen Verkehr, dem Geschäftsverkehr, hat man es zuweilen mit einer dubiosen Decke zu tun. Hier wie dort bringt das Betroffene in Rage.

Sehr geehrter Herr Auftragnehmer!

Auf Ihr Schreiben vom 17. Mai, welches den Anfertigungsort Wetzlar und den Postaufgabeort Frankfurt erkennen läßt, habe ich erhalten und Kenntnis davon genommen.

Der Text läßt eine Alternative erkennen, welche mich einfach in ein Befremden versetzt, daß Sie 5 Minuten vor der Brunnenschließung auf den Busch schlagen, auf heißgewordenen Boden, so oder anders in meinem Fall noch Kapital herauszuschlagen.

Dabei versäumen Sie nicht, auch Ihren Mitarbeiter Seidenschein in Erwähnung zu bringen. Von ihm weiß niemand, unter welcher Decke er sich zur Zeit unsichtbar aufhält. Ob sich noch andere unter dieser Decke befinden, bedarf noch eines Pirschens. Anstatt daß Sie sich bemühen mitzuhelfen an der Lüftung jener Decke und mir möglichst das bereits einkassierte Geld wieder retournieren, sieht es ganz im Gegenteil aus.

Sollten Sie jedoch den unbekannten Beinamen Hase führen, dann möchte ich Ihnen entgegenkommender Weise schon heute die Empfehlung machen, sich auf dem Wege der Eile mit der Uniformierten Behörde wegen der Rolle, die Seidenschein als Mitarbeiter namens Ihres Unternehmens gedreht hat, ins Einvernehmen zu setzen.

Das wäre das, was ich vorerst auf Ihr Schreiben als einschneidende Melodie erklingen lassen möchte. Ohnehin erwarte ich den baldigen Eingang meiner, Seidenschein gereichten Grundbuchauszüge usw.

Ihnen gegebenenfalls zu Fernerem behilflich, wäre ich bereit.

Hochachtungsvoll

Zwar in der Opferrolle, aber dennoch der männliche Held, das hat offenbar seinen Reiz.

Nach reiflicher Überlegung habe ich nun diese Anzeige erstattet, weil ich der Meinung bin, daß dieses gefährliche Verhalten im Straßenverkehr nicht ungeahndet bleiben darf.
Nur durch mein umsichtiges Verhalten und meine langjährige Fahrpraxis und Erfahrung konnte hier Schlimmeres verhindert werden. Wenn zu dem Zeitpunkt z. B. meine Frau das Fahrzeug geführt hätte, wäre es möglicherweise zu einem folgenschweren Unfall gekommen.

Dabei wird Frauen mitunter geradezu rücksichtslos besondere Umsicht unterstellt.

Aus einem Zivilurteil:

Die Beklagten beantragen, die Klage abzuweisen.
Sie behaupten, der Unfall sei allein von der Klägerin verursacht worden, weil diese aus Neugier, um zu sehen, welche Blumenarten abgeladen wurden, zu dicht an dem Lkw der Beklagten vorbeigefahren sei.

Natürlich sollen wir aufmerksam sein und das Verkehrsgeschehen mit all unseren Sinnen wahrnehmen. Ein Zeuge:

Auf dem Weg zum Aldi fuhr ein Lkw mit Anhänger vor mir. Beim Linksabbiegen kratzte der hintere Anhänger mit dem Blinker an meinem Passat, was durch einen Knall optisch hörbar war.

Aber es kracht selbst da, wo Verkehrsteilnehmer konziliant miteinander umgehen.

Der Verkehrsunfall ereignete sich in der Weise, daß beide Fahrzeugführer entgegenkommender Weise aneinander vorbeifahren wollten.

Was genau im Einzelfall entgegenkommt, ist nicht zuletzt eine Frage der Technik.

Um einen vor mir fahrenden Lkw zu überholen, habe ich Gas gegeben. Während ich den Schulterblick nach links gemacht habe, hörte ich meine Beifahrerin schreien, und dann kam mir auch schon der Airbag entgegen.
An mehr oder Einzelheiten kann ich mich nicht erinnern.

Wichtig ist dann immer, daß sich Leute melden, die von sich behaupten können:

Ich war Augenzeuge des Vorfalls –

Die Frage, ob sie Augenzeugin gewesen sei, verneinte eine verunfallte Radfahrerin im Zeugen-Fragebogen zwar, denn sie wisse nur, daß sie irgendwie einen Schlag bekommen habe (von einer sich öffnenden Autotür) und zu Boden gestürzt sei. Auf die nächste Frage aber: «Wo befanden Sie sich im Augenblick des Vorfalls?» antwortete sie folgerichtig:

mittendrin.

Unfallaufnahme und -analyse erledigt in aller Regel die Polizei. Bedarf es zusätzlich eines Sachverständigen, wird es sich kaum um eine Kleinigkeit handeln. Der NDR:

Gegenwärtig wird der Bus in einem Sachverständigenbüro untersucht.

Anders als vom Staatsanwalt beantragt, beließ ein Gericht dem Angeklagten seine Fahrerlaubnis und verhängte nur ein Fahrverbot. Der Angeklagte wäre zwar lieber ganz ungeschoren davongekommen, aber der Vorsitzende wußte ihn zu trösten:

Mit den 3 Monaten Fahrverbot fahren Sie gar nicht mal so schlecht.

Und als bei anderer Gelegenheit tatsächlich weder Entzug der Fahrerlaubnis noch ein Fahrverbot herauskamen, hieß es:

Damit fahren Sie deutlich besser als am Unfalltag.

Für die Dauer eines Fahrverbots wird der Führerschein amtlich verwahrt, zum Beispiel bei der Staatsanwaltschaft.

Hier schicke ich Ihnen meinen kostbaren und liebenswerten Führerschein. Passen Sie bitte gut auf ihn auf, denn wir waren noch nie getrennt. Und schicken Sie ihn mir bitte nach Ablauf der Frist wieder zurück.

Es waren die schnittigen Zweiräder der Marke Hercules, die es ihm schon immer angetan hatten, aber auf die kühne Idee, sein neuestes Mofa auch zu versichern, kam er nicht. Statt dessen reaktivierte er das Versicherungskennzeichen eines ausgedienten Vorgängermodells, das verstaubt im Schuppen lehnte – und wurde prompt erwischt.
«Sehe ich gar nicht ein», zeterte er vor Gericht. «Warum kann ich nicht das Schild von der einen Hercules an die andere schrauben? Das sind doch meine Mofas, das ist doch kein Betrug!»
Betrug ja auch nicht, erklärte der Staatsanwalt geduldig, vielmehr Urkundenfälschung und ein Verstoß gegen das Pflichtversicherungsgesetz. Juristische Bemühungen, die der Angeklagte nur mit anhaltendem Kopfschütteln quittierte.

Nein, Herr Staatsanwalt, Hercules ist Hercules!

So viel Unverständnis zermürbt auf Dauer jeden Sitzungsvertreter.

Ob Staatsanwalt Blei überhaupt irgendwelche Denkgesetze angewandt hat, ist mir nicht bekannt. In der Verhandlung machte

*er einen eher desinteressierten und überaus schläfrigen Ein-
druck.*

Da sind Pausen dringend notwendige Phasen der Regeneration.

*In der Pause versuchte ich, Staatsanwalt Blei eine sein Fach be-
treffende Frage zu stellen. Die Frage lautete: «Können Sie mir
sagen, ob ein Lkw mit Anhängerzuschlag versteuert und einem
dazugehörigen Sattelauflieger mit grünem Kennzeichen zugelassen für TÜV-Fahrten von einer Zugmaschine ohne Anhängerzuschlag versteuert gezogen werden darf?»
Mangels fachlicher Qualifikation wußte Staatsanwalt Blei diese
Frage nicht einmal im Ansatz zu beantworten. Das wäre nicht
sein Gebiet, dort würde er sich nicht auskennen.
Auch was die Verhandlung betrifft, scheint es, daß an diesem Tag
Denkgesetze völlig außer Acht gelassen worden sind. Darum
heißt es ja im Volksmund: «Denken ist Glückssache.»*

Das Denken im Transportgewerbe ist dagegen schon immer
eher technisch geprägt.

*Der Geschäftsführer versichert an Eidesstatt, daß an dem Lkw
keine Rechte Dritter anhängen.*

18. Wie man's nimmt

Weil in unseren Kaufhäusern so manches vom Mantel der Diebe bedeckt wird, gibt es ganz spezielle Herren, die vor allem eines interessiert: wie man's nimmt. Nicht immer ist am Ende der Kunde König.

Der Beschuldigte entwendete in der Drogerieabteilung ein Herrenparfüm und verbarg es in seiner Mantelinnentasche. Dabei wurde er von dem Detektiv König beobachtet.

Redlich Eingekauftes belebt dagegen den Servicegedanken der Staatsanwaltschaft.

In diesem Diebstahlsverfahren ist noch eine Dose Cola sichergestellt, die im Gegensatz zu den von der Anklage erfaßten und an den Supermarkt bereits zurückgegebenen Gegenständen dort offenbar legal von der Angeschuldigten erworben wurde. Die Dose muß ihr also wieder ausgehändigt werden, was am einfachsten anläßlich der Hauptverhandlung geschieht. Dort könnte die Cola etwa als Erfrischung während der Beratungspause gereicht werden.

Die inzwischen zu Recht verpönten Einwegdosen hatten ohnehin den Nachteil, daß stets mit einer gewissen Instabilität zu rechnen war.

Die Beschuldigte warf der Anzeigeerstatterin eine Bierdose an den Kopf, wobei diese eine Verletzung erlitt (leichte Beule).

Die Mehrwegverpackung dagegen erweist sich nicht nur im Einzelhandel als verkehrsfähige Idee. Feststellungen der Polizei in einem Etablissement der besonderen Art:

Bei der Überprüfung saßen zwei äußerst aufreizend bekleidete Damen im linken Bereich der Gaststätte.

Die Beschuldigte selbst wurde im 3. Obergeschoß beim Verlassen eines größeren Zimmers in Begleitung eines ca. 70–80-jährigen Mannes beobachtet. Dessen Personalien wurden aber nicht festgehalten. Des weiteren wurde er auch nicht befragt, was er in dem Zimmer mit der Beschuldigten gemacht hat.

In dem von der Beschuldigten bewohnten Einzelzimmer wurde in der zum Zimmer dazugehörenden Toilette, dortiger Mülleimer, ein frisch benutztes Kondom aufgefunden.

Der letzte Nutzer hierzu wurde jedoch nicht ermittelt.

Als die Polizei einem Ladendieb das Diebesgut erfolgreich abjagen konnte, zeigte sich die Marktleiterin generös:

Den Dosierlöffel möchte ich nicht zurück haben, ich stelle ihn der Polizei zur Verfügung und hoffe der Kaffee schmeckt dann nochmal so gut.

Viele Grüße

Mancher Ladendiebstahl scheint nur auf mangelnder Lebenserfahrung zu beruhen.

Ich habe es getan, weil ich wußte nicht, was passiert. Jetzt weiß ich und werde es nie wieder machen.

Aber wer wüßte nicht um die eigenen Schwächen?

Ich entschuldige mich und versuche, es nicht mehr zu tun.

Wer die Finger vom Klauen partout nicht lassen kann, leidet womöglich an Kleptomanie, ein Zustand, der die Schuldfähigkeit beeinträchtigen kann und deshalb zuweilen Gegenstand von Gutachten ist. Dort erfährt man Erstaunliches:

Andere Arbeiten zu dem Thema sind im wesentlichen vom jeweiligen Standpunkt der Verfasser abhängig, beispielsweise wird auf eine Sexualisierung von Diebstahlshandlungen als Abwehrphänomen hingewiesen oder das vom Kleptomanen gestohlene Gut als eine «Symbolisierung der Muttermilch» gesehen.

Aber:

Eine wissenschaftliche Begründung dieser Überlegungen ist dem Referenten nicht bekannt.

Und ein Taschendieb, besessen vom Besitz fremder Geldbörsen, leidet womöglich an einer ganz speziellen Unterform der Kleptomanie, nämlich der

Portomanie,

wie in einem Diebstahlsverfahren das Geldbehältnis gleich selbst betitelt wurde.

Unter «Spedition» versteht man bekanntlich ein Transportunternehmen, aber auch die gewerbsmäßige Verfrachtung von Gütern. Jemand, der gern mal eine Flasche Schnaps mitgehen ließ, erwies sich hier als kreativer Wortschöpfer:

Dann ging ich in den Markt, um mir noch etwas zu trinken zu kaufen. Ich kam an einem Regal vorbei, wo Speditosen standen, ich nahm eine Flasche aus dem Regal und steckte sie ohne das ich es eigentlich wollte in meinen Hosenbund.

Die Geschmäcker sind aber durchaus verschieden.

Bei der entwendeten Sache handelt es sich um eine Gesamtaufnahme der Violinsonaten Mozarts. Ich konnte der magischen Anziehungskraft dieser Musik leider nicht widerstehen – was natürlich keine Rechtfertigung für meine Tat ist. Ich bereue die Tat – objektiv und subjektiv. Mein Verhalten tut mir leid.

Magie und Faszination – das sind nun mal wesentliche Verführungselemente im Einzelhandel.

Ich weiß auch nicht, wie ich dazu gekommen bin, den Diebstahl zu begehen. Der Duft von dem Parfüm hat mich so fasziniert, und das alles für 4,99 Euro.
Verzeihen Sie einer alten Frau, die den Duft der großen weiten Welt schnuppern wollte. Ich schäme mich schrecklich.

Obwohl konsequenter Alkoholgenuß auf Dauer zweifellos zu rosigem Aussehen verhilft, zumindest was die Bindehäute anbelangt, erschien die folgende Einstufung in einer polizeilichen Diebstahlsanzeige doch etwas gewagt:

```
Erlangte Gegenstände:

Art             : kosmetisches Erzeugnis          Whisky
Herkunft        : Ballentines              Typ:
Individualkennz.:                          Wert:      23,50 EUR
Eigentümer: tegut,
```

Draußen auf dem Kundenparkplatz geht es nicht minder seltsam zu.

Aus einer Unfallanzeige:

```
Beteiligte  F A H R Z E U G E    und    P E R S O N E N :

01  Pkw                 Verw.kennz.: OHA- (D  )   Sachschaden (EUR):

    Führer              weiblich  19 Jahre                 Schaden     :

02  Einkaufswagen       weiblich  45 Jahre leichtverletzt Schaden     :
```

Apropos Geschlecht. Rätselten wir in der letzten Sammlung noch über das Geschlecht einer kleintierärztlichen Klinik, so ist die Frage für bestohlene Bekleidungsfirmen inzwischen geklärt.

Geschädigte(r)

Familien- / Ehename:	**Fa. H & M**
Weitere Namen:	
Vornamen:	
Geburtsdaten:	
Geschlecht:	**juristisch**

Eine AOK aber, das hört man ja schon, ist und bleibt:

Geschädigter

Behält sich Strafantragstellung vor
Merkblatt zum Opferschutzgesetz wurde nicht ausgehändigt.
Name: **AOK Osterode am Harz**
Vornamen:
Geburtsdatum:
Geschlecht: **weiblich**

Übrigens gibt es wieder Verblüffendes aus einer Kleintier-Klinik zu berichten. Wer jetzt aufpaßt wie ein Schießhund, wird sofort merken, daß an dieser Krankengeschichte über einen Mischlingsrüden etwas nicht stimmen kann:

Am 4. 5. 2006 wurde die Polizei wegen zu lauter Musik ins Haus gerufen. Dabei kam es zwischen der Polizei und dem Hund zum Schußwechsel. Der Hund wurde daraufhin von der Feuerwehr mit mehreren akuten Schußverletzungen in die hiesige Klinik eingeliefert.

Zurück zum Thema. Der Ladendieb als selbstloser Zeitgenosse, der sich in Wahrheit nur für seinen Einkaufsmarkt aufopfert

und unser ganzes Mitgefühl verdient, hier hatte es jemand aus-
getüftelt:

Ich wollte mich gleich zu Anfang der Woche (28. 4–4. 5.) mit
2,5 kg Brot (für 6 Tage) eindecken. Das 1,25 kg-Brot meiner
Wahl war am Montag (abends) ausverkauft. Ich kaufte darauf-
hin ein 1 kg-Brot und am folgenden Tag noch einmal denselben
Artikel. Die Brote liefen am 1. 5. ab; am Montag waren noch
5 Exemplare vorhanden (neben reichlich frischen Broten), nach
meinem Kauf am Dienstag, 29. 4., zählte ich noch drei der Brote
aus der Vorwoche (gebacken am Fr., 25. 4.; es werden 6 Tage
addiert). Das alte Brot war folglich außer von mir von nieman-
dem gekauft worden. Andere Märkte (ALDI, Rewe, LIDL …)
legen dieses Brot in der neuen Woche gar nicht mehr aus, da es in
der Regel keinen Käufer findet. Ich bezahlte einen Preis von
€ 0,85 pro Stück.
Die noch fehlenden 500 g wollte ich als preiswertes Schnittbrot
kaufen. Als günstigstes Angebot fand ich haltbar gemachte
Scheiben zum Preis von € 0,95. Ich suchte die älteste Packung
(Ablauf: 3. 5.) heraus. Das Brot war leicht zerdrückt (im war-
men Zustand) und wahrscheinlich deswegen liegen geblieben.
Die Packung hätte allenfalls noch am Mi., 30. 4., verkauft wer-
den können.
Auf dem Weg zur Kasse habe ich das Schnittbrot versteckt, um so
den Gesamtpreis für die 2,5 kg alten Brotes zu begrenzen – mit
den bekannten Folgen.
Der Detektiv hat mir gar nicht zugehört; den (zu hohen) Preis
des Brotes erfragte er bei einer Angestellten (Sekretärin?) des
Marktes, die ihn zu meinem Erstaunen «auswendig wußte»;
mein Protestieren und Insistieren half nichts. (Selbst die Brote
von Lieken sind deutlich billiger als € 1,59 für 500 g (ca. 2/3 des
«phantasierten» Preises.))
Die zwei von mir gekauften 1 kg-Brote (Kassenbons, Verpak-
kung, Clips habe ich aufgehoben) wären am nächsten Tag (Mi.,
30. 4.) zusammen mit den drei übrig gebliebenen (s. o.) aus dem
Regal «entfernt» worden (aussortiert).

Ich handelte daher in der Überzeugung, dem Verkäufer € 1,70 geschenkt zu haben. Selbst bei Gelingen meines Vorhabens hätte es für mich nur Nachteile gegeben: das 1 kg-Brot ist nämlich € 0,26 teurer als das 1,25 kg-Brot, das ich regelmäßig kaufe, so daß ich bereits € 0,52 mehr bezahlt habe als sonst. Gleichzeitig waren ja alle Brote zu alt. Ergo: nur Verlust, kein Gewinn.

Durch die Entdeckung meines Regelverstoßes wurde dann «das Tor zur Hölle aufgestoßen»: Nach der entwürdigenden «Behandlung» als «gemeiner Dieb» muß ich zunächst einmal € 50,– «Vertragsstrafe» an den «Geschädigten» zahlen, der selbstverständlich auch noch einen Strafantrag gestellt hat. Über den Ausgang dieses Verfahrens, das jetzt für etliche Wochen über mir schweben wird, weiß ich so gut wie nichts.

Ich habe mir deshalb fest vorgenommen, nicht noch einmal Verursacher (und Verlierer) eines so aussichtslosen und deprimierenden «Spiels» zu werden.

Dabei wäre die schlagende Argumentation doch so einfach gewesen:

Der Beschuldigte gab uns gegenüber zu verstehen, daß er keinen Diebstahl begangen habe, da man Brot, das ja von Gott kommt, gar nicht stehlen könne.

19. Tierleben

Dank ihrer enormen Wandlungsfähigkeit können viele Bakterien sich auch veränderten Außenbedingungen problemlos anpassen. Mutter Natur ist es, die sich hier als besonders intelligent erweist. In einem Zivilprozeß ging ein Anwalt noch einen Schritt weiter:

Der bakterielle Erreger des Rotlaufes ist ein Bakterium, welches auch außerhalb des Schweines gut überlegen kann.

Bakterien und Intelligenz, das ist vielleicht sogar die Mischung, die weiterhilft, wenn man vor den Umkleidekabinen eines Hallenbades überrascht wird, bäuchlings am Boden liegend und von aufgebrachten Kabinenbenutzern einer Observation auf niedrigstem Niveau bezichtigt.

Ich interessiere mich in meiner Eigenschaft als Hygieniker und Facharzt für Mikrobiologie und Infektionsepidemiologie hobbymäßig für Bäderbau und Bäderhygiene. Gelegentlich nehme ich daher bei Bäderbesuchen hygienisch-mikrobiologische Untersuchungsproben (Abstriche bzw. Abklatsche). Möglicherweise führt dieses «merkwürdige Verhalten» zu Irritationen und Mißverständnissen und wird als «Spannerei» empfunden und ausgelegt.

Wie jeder andere auch, der bei uns um Asyl nachsucht, wurde ein junger Mann befragt, auf welche Weise er sein Herkunftsland verlassen habe und wie schließlich seine Einreise nach Deutschland vonstatten gegangen sei. Darauf entschlüpfte ihm diese Anwort:

Als die Probleme zu Hause zu groß waren, hat mir mein Vater geholfen. Er hat mir ein Ei gegeben. Ich soll das zerbrechen. Dann würde ich in Sicherheit sein. Als die Probleme zu groß wurden, habe ich das Ei genommen und bin auf die Straße gegangen. Ich habe es zerbrochen. Und ich habe mich dann in Düsseldorf wiedergefunden.
Frage: Was war denn das für eine Ei?
Antwort: Das war das Ei eines Geiers.

Weiß der Geier, wie so etwas funktioniert.

Wer einen Vogel hat, lebt nicht frei von Sorgen, zumal wenn ihm aufgrund einer Anordnung nach dem Gewaltschutzgesetz der so dringend erforderliche Zutritt zur ehelichen Wohnung verwehrt ist.

Herr Windhusch erschien auf der hiesigen Polizeiwache. Er war sehr aufgeregt und erklärte, es ginge um Leben und Tod.
Er erklärte, sein Papagei, der sich in Obhut seiner Ehefrau befände, sei in Lebensgefahr, da diese ständig rumsaufen und rumhuren würde. Der Papagei wäre ohne jegliche Bezugsperson und hätte Schlafstörungen, da seine Ehegattin jede Nacht mit zwei Liebhabern zugange wäre. Er begehrte einen Polizeieinsatz zur Rettung des Vogels, notfalls Aufbrechen der Tür.

Als im Januar 2004 der Landtag in Hannover über die «Weiterentwicklung des Pferdelandes Niedersachsen» diskutierte, sprach ein Abgeordneter tapfer vom «Wirtschaftsfaktor Pferd» und erläuterte dem Parlament:

An einem Pferd hängen vier Arbeitsplätze.

Umgekehrt lehnte 2007 der niedersächsische Innen-Staatssekretär eine Verkleinerung der Polizei-Reiterstaffel mit dem Argument ab:

Für jedes Pferd weniger braucht man vier Polizeibeamte zusätzlich.

Angeblich schon früher «mehrfach in Beißvorfälle verwickelt», wollte ein Berner Sennenhund auch diesmal nicht einfach nur friedlich an einem Grundstück vorbeigetrabt sein, dem Grundstück der späteren Klägerin, die dort eine kleine Hundezucht betrieb. Und so kam es zu einem folgenschweren Biß durch den Zaun mitten ins Herz der Zucht, genauer gesagt in die linke Vorderpfote des Mopsrüden Alfred, seines Zeichens einziger männlicher Leistungsträger des Hauses. Hatte er früher seine Passion bestens im Griff gehabt, so erwies sich Alfred von Stund an als «deckunfähig», und das für mehrere Monate. Seine Mopsdamen Berta und Else zu decken, so die Klageschrift, habe er einfach nicht mehr fertiggebracht. Denn:

Der Rüde konnte sich aufgrund seiner Pfotenverletzung nicht auf den Hündinnen halten.

Und so kam eins zum anderen bzw. gerade nicht. Ohne Wurf keine Welpen und ohne Welpen kein Verkaufserlös. Der wurde nun als Schaden eingeklagt. Zwar wandte die Gegenseite ein, zur Schadensminderung hätte hier unbedingt eine Fremdbedeckung gewählt werden müssen, doch davon wollte die Klägerin nichts wissen. Für eine solche Aktion hätte es nämlich schon sehr spezieller Deckrüden bedurft («mit äußerst kleiner Nasenfalte bei großer Nase»), und die hätten bestenfalls in Österreich zur Verfügung gestanden. Im übrigen sei es ein Irrtum zu glauben, man fahre da mal auf die Schnelle hin und abends guter Hoffnung wieder heim.

Es existieren keine Hundebordelle. Es handelt sich um ein langwieriges Verfahren, das heißt die Hunde müssen zunächst Kontakt miteinander aufnehmen. Insbesondere die Hündinnen brauchen einige Tage Ruhe und Zeit, um sich an die fremde Umgebung zu gewöhnen. Auch ein Deckrüde braucht einige Zeit Ruhe. Decktermine müssen lange vorher abgesprochen werden.

Vor allem aber mißdeutete die Gegenseite gründlich die besondere Stellung, die Alfred nun mal in der Familie innehatte.

Auch in tatsächlicher Hinsicht hätte der Klägerin überhaupt keine Möglichkeit zur Verfügung gestanden, etwa zum Decken nach Österreich zu reisen, da sie vier minderjährige Kinder zu betreuen hat und ihr Ehemann sich ständig auf Montage befindet. Gerade aus diesem Grunde hat sie ja einen eigenen Deckrüden angeschafft!!!

Welcher experimentierfreudige Hundezüchter träumte wohl nicht davon, eines Tages ganz groß rauszukommen, mag sich auch genau dies für seine Hündin zum Alptraum auswachsen.

Aus einem Zivilurteil:

Die Tatsache, daß die Hündin bereits einen Kaiserschnitt hatte, stellt keinen zuchtausschließenden Mangel dar. Dieses kann durchaus darauf zurückzuführen sein, daß Herzi vom Siegerland, wie der Sachverständige vermutet und die Zeugin auch erklärt hat, als Rauhhaarzwerg unzulässigerweise von einem normalen Rauhhaardackel gedeckt wurde und daß dieses «möglicherweise nicht gepaßt hat».

Das tägliche Ausführen ihrer Hunde beschert Herrchen wie Frauchen nicht nur ein Stück Lebensqualität, oft ergeben sich auch unverhoffte Kontaktmöglichkeiten, tiefer gehende sogar, wie dieser Bürger zu berichten weiß.

Ich spürte die Hunde hinter mir. Sie hatte sie an langer Leine laufen lassen. Als ich die Hunde spürte, hatte ich Angst, daß diese mich in mein krankes Bein beißen. Ich griff deshalb zu dem am Zaun stehenden Besen, um die Hunde abzuwehren. In dem Augenblick flogen die Aufrollcassetten der Hundeleinen an meinem Kopf vorbei und die Frau machte einen Karateschritt, um mir in den Genitalbereich zu treten. Dadurch waren wir uns näher gekommen.

Wo die bekannten Nebenwirkungen des Hundedaseins Mißfallen erregen, setzen erfahrene Hundehalter auf Dialogfähigkeit.

*Es wäre freundlich, wenn ich und mein Hund eine Skizze be-
kommen, wo denn genau Ihre Grundstücksgrenze verläuft. Ich
werde meinem Hund dann erklären, dort nicht hin zu urinie-
ren.*

Die Verläßlichkeit von Hunden stößt allerdings an gewisse
Grenzen.

*Bis vor kurzem bin ich immer mit unserem Hund zusammen ge-
joggt. Dieser ist inzwischen verstorben. Deshalb nehme ich ihn
nun natürlich nicht mehr mit.*

Auch mit vierbeinigen Straftaten ist es dann vorbei.

*Am gestrigen Nachmittag bin ich zum Joggen gewesen und da-
bei von einem Hund attackiert und beleidigt worden.*

Als in einem Rechtsstreit die Identität eines beißenden Hundes
bezweifelt wurde, zog der Anwalt alle Register einer auf Präzision bedachten Beschreibung.

*Der Hund hat ein beiges struppiges Fell. Er ist ca. 50 bis 60 cm
hoch und ca. 80 cm – ohne Schwanz – lang. Seine Ohren befinden sich auf dem Kopf, und zwar dort links und rechts über den
Augen. Sie sind abgeknickt, das heißt die erste Hälfte steht hoch
und die daran anschließende hängt nach vorne über ab.
Weiterhin hat der Hund einen Schwanz, der hinten sitzt. Der
Schwanz ist buschig, und bei Erregung steht er hoch und bei Ent-
spannung hängt er – ähnlich wie bei einem Schweinchen – in
einem Ringel nach unten.
Insgesamt verfügt der Hund über vier Pfoten, wobei die «Füße»
nicht beige sind, sondern weiß bzw. hell (hängt vom Grad der
Verschmutzung ab).
Schnauze und Augen sind ebenfalls vorhanden. Diese befinden
sich am Kopf, dieser wiederum vorne auf dem Hals, der am Körper endet.*

Derart in Hundeanatomie auf den neuesten Stand gebracht, verstehen wir jetzt auch den Amtsrichter, der einem Sachverständigen für die Untersuchung eines erkrankten Hundes jenen höheren Stundensatz in Aussicht stellte, der sonst nur humanmedizinischen Gutachtern vorbehalten ist.

Dabei erscheint unschädlich, daß der Sachverständige keinen Menschen untersuchen soll, sondern einen Hund, weil die Anatomie eines Hundes nicht wesentlich einfacher aufgebaut ist als die eines Menschen und die Diagnose vor dem Hintergrund, daß die Befragung des «Patienten» nicht möglich ist, eher schwieriger zu erreichen sein dürfte als bei einem Menschen.

Aus einer Anklage wegen Körperverletzung:

... wobei der Angeschuldigte dem Zeugen mit einem Besenstiel so heftig auf den Kopf schlug, daß der Geschädigte drei Eulen davontrug.

Ob bis nach Athen, ist nicht bekannt.

Bloß nicht alles so tierisch ernst nehmen, das war auch die Devise bei diesen launig formulierten Polizei-Reports:

Schweineeinsatz in Waldhagen. Vier Schweine suchten das Weite, um Abenteuer zu erleben. Sie wühlten in fremden Blumenbeeten und amüsierten sich köstlich über die Polizei, wenn man Schweinesprache versteht. Nach getaner Arbeit in den Beeten schliefen sie sogar ein. Verantwortlicher vor Ort trieb die Schweine auf den Laster. Stalltor war nicht verriegelt.

Anonymus teilt Verletzung von Schutzmaßnahmen gegen die Vogelgrippe mit. Auf dem Hof des Siegfried Schnatter würden Gänse frei laufen. Sachverhalt traf nicht zu. Gänse waren im Stall eingesperrt. Allerdings sei es vorgekommen, daß einige der flugfähigen Gänse kurzzeitig aus dem Hausarrest entkommen waren. Die Wiederholungsgefahr werde durch Schlachtung verringert.

Verkehrsteilnehmer melden verkehrsregelnde Schwäne im Bereich des Nordkreisels. Bei unserem Eintreffen keine Feststellungen mehr.

Dem Lage- und Führungszentrum wurde fernmündlich mitgeteilt, daß ein Elefant nicht artgerecht bei einer grünen Hochzeit gehalten werde. Veterinäramt konnte nicht erreicht werden. Bei unserem Eintreffen laut Anwohner Elefant nicht mehr vor Ort. Keine weiteren Maßnahmen.

Da die Polizei also ohnehin schon genug zu tun hat, sollte man ihr nicht auch noch einen Bären aufbinden.

Die Anzeigeerstatterin erschien auf hiesiger Dienststelle und trug vor, daß unbekannte Täter ihren Sauerkirschbaum im Garten leer gepflückt haben. Täterhinweise waren der Geschädigten nicht möglich. Sie stellt Strafantrag.
Zwei Stunden später rief sie an und teilte mit, daß eine genauere Besichtigung des Gartens auch Schäden an Beerenbüschen ergab. Das dabei festgestellte Schadensbild (abgerissene kleinere Äste usw.) spreche, auch wie jetzt bei dem Sauerkirschbaum konstatiert, für einen Waschbären als Tatverdächtigen!!
Die Anzeigeerstatterin betrachtet somit die Sache als erledigt bzw. legt keinen Wert mehr auf weitere Verfolgung bzw. Ermittlungen.

Kam der Waschbär noch unbehelligt davon, so hatte die Polizei die Zielrichtung ihrer Ermittlungen hier unmißverständlich festgelegt:

Schwerer Diebstahl aus Wohnung von einem Zwergkaninchen

Und wird der Stallhase selbst stibitzt, muß das keineswegs zu seinem Nachteil sein.

Der Geschädigte teilte nachträglich zur Diebstahlsanzeige mit, der Bock sei wieder aufgetaucht. Sein Nachbar hätte sich den Rammler ohne sein Wissen ausgeborgt, um damit seine Häsin decken zu lassen.

20. Wohnsitze

Während der Bewährungszeit möchte ein Gericht seine Verurteilten möglichst nicht aus den Augen verlieren. Regelmäßig ordnet es deshalb an, daß jeder Wechsel der Wohnung oder des Aufenthalts sofort und unaufgefordert anzuzeigen sei. Motive interessieren weniger.

Durch den Umzug vom Land in die Stadt fühle ich mich besser, da ich unabhängig von Bussen und Wetter bin.

Als besonders gewissenhaft erwies sich dieser Verurteilte, nachdem er im südlichen Niedersachsen in eine Auseinandersetzung geraten und bedroht worden war. Schon vier Tage später schrieb er dem Gericht:

In diesem Moment rannte ich in unbekannte Richtung davon. Es dauerte bis heute, als ich in der Stadt Eisenach eintraf.

Ein Dauerlauf von immerhin 70 Kilometer Luftlinie.

Freiheit, die ich meine ...

In den Folgejahren ließ ich das Haus ausbauen und wohnte darin. Da es ein Reihenhaus war, fühlte ich mich darin nicht wohl, weil ich im Freien aufgewachsen war. Deshalb kaufte ich ein Grundstück mit einem freistehenden Haus und ließ es ebenfalls ausbauen. Um mehr Einnahmen für die Baukosten zu bekommen, vermietete ich noch im Reihenhaus ein Zimmer an ein junges Paar mit der Zusage, ihm nach meinem Umzug das ganze Reihenhaus zu vermieten. Es waren sehr ordentliche und hilfsbereite Mieter, doch nach einem Jahr kündigten sie wieder, wahrscheinlich weil sie auch im Freien aufgewachsen waren.

Alles nichts gegen den Freiheitsdrang dieses «Nichtseßhaften ohne festen Wohnsitz», wie er sich selbst bezeichnete.

Ich liebe die Freiheit und das Leben, trinke gern Schnaps, rauche, liebe die Einsamkeit, Frauen und mich selbst. Wer mich einsperrt, wegschließt, den hasse und verachte ich mehr als der Adler den Raben.

Apropos Rabe: Ein Beschuldigter gleichen Namens gewährte der Staatsanwaltschaft freimütig Einblick in sein durchaus differenziertes Legalverhalten.

Ich heiße Rabe und klaue auch wie ein Rabe. Aber noch niemals habe ich Freunde oder Gäste von mir beklaut.

Grundstücke, das lehrt uns die juristische Terminologie, gehören zu den Immobilien. Doch so unbeweglich, wie man denken sollte, sind sie gar nicht. Makler in einem Exposé:

Die Außenanlagen bestehen aus einer großen, nach Süden ausgerichteten Sonnenterrasse und einer nachmittags im Westen liegenden sonnenverwöhnten großen Rasenfläche.

Wer es von zu Hause großzügig gewohnt ist, erwartet entsprechenden Komfort natürlich auch, wenn ihn die Justiz als Tagungsreferenten einlädt. Vermerk in den Akten des OLG:

Die Zimmerbuchung ist erledigt. Herr Dr. Ritterfürst ist (inklusive Tiefgarage) im Parkhotel untergebracht.

Aus einem Durchsuchungsprotokoll der Polizei:

Wir trafen den Beschuldigten im Wohnzimmer an und erklärten ihm den Sinn unseres Daseins.

Na, das dürfte gedauert haben.

Derweil wurde in einem anderen Fall schon mal fleißig durchsucht und dabei ein ramponiertes Sparbuch entdeckt.

Der Beschuldigte wurde nach entsprechender Belehrung zur Herkunft des Sparbuches befragt. Er erklärte wenig glaubhaft, daß er es gefunden habe. Nähere Angaben zum Fundort bzw. der Fundzeit gab er nicht an. Zum Verbleib des restlichen Sparbuches erklärte er, daß er sich damit den «Arsch» abgewischt habe. Aufgrund der Zustände in der Wohnung bzw. auf der Toilette kann davon ausgegangen werden, daß die letzten Angaben sogar stimmen.

Wie hieß es doch in anderen Berichten:

Die Wohnung war artgerecht ausgestattet.

Oder:

Die Wohnung befand sich in einem stark pflegereduzierten Zustand.

Oder:

Die Wohnung möchte ich als eine Mischung aus Zoo und Müllhalde bezeichnen.

Oder auch:

Die Wohnung war schlicht ein Saustall.

Saustall – wenn, dann geht es ja meist um andere Tierarten. Womit die Polizei aber auch schon an ihre Grenzen stößt.

Ein bereits im Treppenhaus wahrnehmbarer sehr übler Gestank vervielfachte sich unmittelbar nach Öffnen der Tür.
Bereits beim Betreten des Flures vollzog ich einen schwunghaften Spagat auf der Türschwelle, verursacht durch einen größeren Haufen Katzenkot. Ein weiteres Vorgehen in der Wohnung, die total verwahrlost ist und infernalisch stinkt, wurde und wird auch in Zukunft durch uns verweigert!

Mit anderen Worten: Die Polizei hatte die Nase voll.

Bei künftigen Einsätzen müßte die Berufsfeuerwehr, versehen mit Atemschutzgeräten, zur Amtshilfe herbeigezogen werden.

Natürlich lieben wir es hübsch blank und sauber, nicht nur zu Hause. Oft aber fehlt ganz einfach die Zeit, selbst am stillen Örtchen, und das besonders in der Hektik eines strammen Berufsalltags. Ganz spurlos geht das an keiner Wirkungsstätte vorbei, und so hatte schließlich auch ein Amtsgerichtsdirektor sein Schüsselerlebnis. Noch sichtlich beeindruckt vom Tatendrang seiner Mitarbeiter, schrieb er den sehr geehrten Damen und Herren seines Hauses hinter die hoffentlich roten Ohren:

Ein Toilettengang ist nun mal notwendiges Übel. Ich habe Verständnis dafür, daß mann/frau das «Örtchen» schnell wieder verläßt. Mein Verständnis erlischt aber, wenn das Verlassen ohne Betätigung der Spülung und ohne Einsatz der vorhandenen WC-Bürste stattfindet. Es ist eklig und zeugt nicht von gutem Benehmen, wenn die Hinterlassenschaft oder deren Spuren dem Nachfolger überlassen bleiben. Mittlerweile werden die Zustände auf den Toiletten (übrigens überwiegend auf den Damentoiletten) nicht nur von Mitarbeitern, sondern bereits von den Reinigungskräften beklagt.

Alte Zeugnisweisheit in der Justiz: Wer Rückstände aufkommen läßt, kann mit guter Beurteilung nicht rechnen.

Kopfschüttelnd reichte ein Ermittlungsrichter der Staatsanwaltschaft die Akten zurück. Die geplante Wohnungsdurchsuchung werde wohl unter der Adresse «Am Posthof» stattzufinden haben, nicht etwa, wie beantragt,

Im Postfach

Doch die Staatsanwaltschaft ist nun mal eine Fachbehörde.

Sie werden aufgefordert, die Erzwingungshaft spätestens binnen 2 Wochen nach Erhalt dieser Ladung in der
Justizvollzugsanstalt Düsseldorf, Postfach, 40477 Düsseldorf anzutreten.

Aber der Wahrheit die Ehre, auch die Staatsanwaltschaft ist nicht immer glücklich über das, was ein Ermittlungsrichter so zu Papier bringt.

Urschriftlich mit Akten
dem Amtsgericht wieder übersandt mit der Bitte, den Beschluß abzuändern. Beschlagnahmt werden soll ein roter Ordner, nicht etwa ein toter Ordner.

Wohin eigentlich mit dem Hausrat, wenn ein Umzug in den Knast ansteht?

Frau Willig hat mir gesagt, daß sie eine Garage hat, und das wäre kein Problem, da paßt eine 2-Zimmer-Wohnung rein.

Raumwunder Nr. 1

Keine Sorgen hätte dagegen, dank seiner drastisch verdichteten Haushaltsführung, ein Stadtstreicher, mag auch er ansonsten über etwas durchaus Raumfüllendes verfügen.

Nach Auskunft des Sozialamtes erscheint Herr Lieder dort regelmäßig mit 2 Plastiktüten und mit Geruchsbelästigung.

Andere können sich rühmen, neben einem Hauptwohn- und Firmensitz sogar noch eine Nebenwohnung angemeldet zu haben. Die Polizei:

Im Rahmen der Objektabklärung wurde auch die als Neben-wohnung gemeldete Anschrift überprüft. Dazu ist zu sagen, daß es sich um die hiesige JVA handelt. Demnach ist dieses Objekt nicht zu durchsuchen.

Selbst mit formvollendetem Durchsuchungsbeschluß in Händen steht die Polizei dann zuweilen vor einem Rätsel.

Beschluß noch nicht realisiert. Beschuldigter nicht an Briefkasten und Klingelleiste enthalten.

Geradezu vorbildlich dagegen die Empfangsvorkehrungen dieses gewieften Erpressers, der, im Gegensatz zu vielen seiner Branchenkollegen, nicht etwa leichtfertig auf Anonymität setzte, sondern es in ansprechender Weise verstand, hart erarbeitetes Geld den Gefahren einer Hinterlegung, etwa in freier Natur, gar nicht erst auszusetzen.

Hören, sie genau zu, stecken
sie 2000,– DM in einen
Briefumschlag und stecken
in Bei Herrn ~~Bücking~~ in den
Briefkasten

Keine Polizei! rufen sie auch
niemanden an sonsten

Stechen wir sie ab!

wir wissen wo sie

wohnen

Durch die hier gewählte individuelle Zustellung im ordnungsgemäß beschrifteten Briefkasten wurde Herrn B. (wie übrigens auch der Polizei) der Zugriff enorm erleichtert.

Beschuldigte, vor allem dicke Fische, tauchen gern mal ab. Dann weiß die Polizei nicht mehr, wohin mit ihrem Ermittlungsdrang.

Der Beschuldigte ist seit 3 Monaten untergetaucht. Eine Hinwendungsadresse ist nicht bekannt.

So etwas hat natürlich Folgen beim Einwohnermeldeamt.

Herr Windig wurde mittlerweile durch die Stadt registerbereinigt und ist nunmehr unbekannten Aufenthaltes.

Eine Säuberungsaktion, die Herrn Windigs Weste auch nicht weißer werden ließ, war der selbst doch mit allen Wassern gewaschen.

So richtig eng wird's übrigens, wenn der Wohnsitz als solcher abtaucht, etwa bei einer Flutkatastrophe. Dann sind die Rettungsdienste gefragt, wie beispielsweise der Arbeiter-Samariter-Bund. Über ihn schrieb das Göttinger Tageblatt:

Zusammen mit dem Deutschen Roten Kreuz und der Bundeswehr evakuierten die ASB-ler mehrere Tausend Leute, die in zwei großen Hallen mit jeweils 100 Betten untergebracht sind.

Raumwunder Nr. 2

Wo immer möglich, hilft das Einwohnermeldeamt weiter, allerdings nur im Rahmen seines Erfassungsbereichs, also bei Adressen von Individualpersonen. Als eine Staatsanwaltschaft, deren Post an eine Versicherung als unzustellbar zurückgekehrt war, sich gleichwohl an das Einwohnermeldeamt wandte, hätte sie ihr ohnehin schon unkonventionell aufgezäumtes Auskunftsersuchen nicht auch noch mit zusätzlichen Fragezeichen vernebeln sollen.

Mehr als Spott darf man dann nämlich nicht erwarten.

[handschriftlich:] Versicherungen werden nicht geboren Stadt ✿ Köln

Der Oberbürgermeister
Bezirksamt Lindenthal
Im Auftrag

Ganz auf Nummer sicher ging ein Polizeibeamter, als er bei
einem 17jährigen Beschuldigten nicht auf eine Vorladung zum
Revier vertraute, sondern unmittelbar die Wohnanschrift auf-
suchte.

*Gegen 11.10 Uhr klingelte ich an der Haustür. Ein Fenster der
oberen Etage wurde geöffnet und der Vater des Mike Gelhaar
sah heraus. Als ich ihm den Grund meines Erscheinens gesagt
hatte, gab er an, daß ich warten oder wiederkommen soll, weil
Mike gerade mit seiner Freundin eine «Nummer» schiebt. Daraufhin antwortete ich, daß ich warten würde und Mike, wenn er
mit seiner «Nummer» fertig ist, zur Haustür kommen möchte.
Nach ca. 5 Minuten kam Mike mit seinem Vater an die Haustür.*

Ließe sich dagegen ein Beschuldigter unter oder meinetwegen
auch bei einer Hausnummer gar nicht antreffen, weil man es

nämlich mit einem reisenden Täter ohne festen Wohnsitz zu tun hat, so könnte ihm für die Durchführung des Strafverfahrens «eine angemessene Sicherheit für die zu erwartende Geldstrafe und die Kosten des Verfahrens» abgeknöpft werden (§ 132 StPO).

Polizeilicher Vermerk:

Staatsanwalt Kleinlich ordnete telefonisch die Erhebung einer Sicherheitsleistung an. Wegen Mittellosigkeit des Beschuldigten sei die Sicherheitsleistung auf 0 Euro festzulegen.

Käme statt dessen ein Haftbefehl in Betracht, ließe sich der am ehesten auf Fluchtgefahr stützen. Ein Haftrichter formulierte das so:

Der Beschuldigte hat keinen festen Wohnsitz und treibt sich unkontrolliert umher.

Es gibt sogar doppelt flüchtige Täter:

Beide Zeugen erklärten uns am Tatort, daß der Geschädigte von einem flüchtigen Bekannten angegriffen worden sei, der sich aber zwischenzeitlich schon entfernt habe.

Ist eine Person nach Ausländerrecht abzuschieben, hat hier aber noch ein Strafverfahren offen, so kann die Staatsanwaltschaft dieses Hindernis beseitigen, indem sie von der weiteren Verfolgung absieht. Häufig wird sie dann allerdings einen Haftbefehl erwirken, der im Fall einer Wiedereinreise vollzogen würde und damit die Fortführung des Verfahrens sicherstellte. Für diese Art der Untersuchungshaft gibt es keinen Eigennamen. So ist es vielleicht eher juristischer Sprachlosigkeit denn Zynismus zuzuordnen, was hier eine Ausländerbehörde der Staatsanwaltschaft schrieb:

Zu Ihrem Ermittlungsverfahren teilen wir Ihnen mit, daß es uns gelungen ist, Herrn X festzunehmen. Er soll von Nordrhein-Westfalen aus abgeschoben werden.

Gemäß § 64 Abs. 3 Ausländergesetz bitten wir um Einvernehmen mit der Staatsanwaltschaft, daß der o. G. ausgewiesen und abgeschoben werden darf. Wir dürfen freundlicherweise auf BEGRÜSSUNGSHAFT hinweisen.

Um die Auswirkungen zwar fester, aber getrennter Wohnsitze bei einem ausländischen Ehepaar ging es in diesem Verwaltungsstreitverfahren aus den frühen achtziger Jahren.

Er wohnte und arbeitete bereits hier, als sie ihn besucht und nun bleiben will. Die Argumentation des Anwalts verhilft der Stilblüte zur vollen Entfaltung.

Es kann keine Rede davon sein, daß die Herbeiführung der Schwangerschaft zielgerichtet war im Hinblick auf die erhoffte Erteilung der Aufenthaltserlaubnis. Allein schon die allgemeine Lebenserfahrung lehrt uns, daß solche Denkweisen beim trauten Zusammensein zumindest ungewöhnlich, wenn nicht sogar absurd sind; abgesehen davon ist der in Rede stehende Akt von Imponderabilien abhängig, die sich den Geschicken eines Ehepaares weitgehend entziehen.

Nur am Rande sei erwähnt, daß der bieder strukturierten Antragstellerin bzw. deren Ehemann die allgemeinen Richtlinien zur Steuerung des Familiennachwuchses – zumindest soweit diese ausländerrechtlicher Natur sind – gänzlich unbekannt sind.

Die Antragstellerin, die ursprünglich hier nur ihren Gatten besuchen wollte, konnte bei der diesbezüglichen Antragstellung nicht damit rechnen, daß sich das Beisammensein des Paares so schnell auswirken würde im Hinblick auf Familiennachwuchs. Solches war auch angesichts der damaligen prekären finanziellen Situation des Ehepaares nicht beabsichtigt und dürfte im wesentlichen zurückzuführen sein auf das vorgelagerte längere Getrenntleben bzw. Unerfahrenheit im Umgang mit technischen

Hilfsmitteln. Abgesehen davon ist die Hervorbringung von Nachwuchs das vornehmste Recht von Ehepaaren.

Hinweis des Verwaltungsgerichts:

Die Diskussion gleitet ab in ein Gebiet, in dem es mehr um Wissen und Können der Nachwuchserzeugung bzw. -verhinderung geht als ums Ausländerrecht.

Da der Berichterstatter möglicherweise die Rechtsentwicklung auf Gebieten außerhalb des Ausländerrechts nicht immer mit der nötigen Aufmerksamkeit verfolgt hat, bitte ich um Stellungnahme, ob es wirklich schon, wie erwähnt, «allgemeine Richtlinien zur Steuerung des Familien<u>nachwuchses</u>» gibt oder ob damit die den Familien<u>nachzug</u> betreffenden Richtlinien gemeint sind. Letztere sind hier bekannt.

In seiner Antwort behauptete der Anwalt einen Diktatfehler und versicherte:

Es war nicht beabsichtigt, eine Diskussion zu entfachen über (sachfremde) Praktiken und Problemkreise, die das Ausländerrecht nicht betreffen bzw. tangieren. Schon gar nicht bewirkt werden sollte ein «Abgleiten» in allzu «Menschliches».

Ein Wissensdefizit des Herrn Berichterstatters kann demgemäß ausgeschlossen werden, auch hier sind «Richtlinien bezüglich des Familiennachwuchses» (noch) nicht bekannt.

21. Einstein kam ins Rollen

Unter dem großen Zeitdruck, unter dem viele Strafanzeigen, Protokolle usw. entstehen, können Begriffe schon mal ins Trudeln geraten.

So lesen wir vom Einbruch in einen

ökonomischen Kindergarten,

hören vom

rechtsextremen Liedgut narzistischer Organisationen,

erfahren, wie geradezu militärisch

ein Exempel stationiert wird,

und erleben eine

Kalte Büffetdame

als Zeugin oder auch einen

Azubi im Straßenbaum,

ganz zu schweigen von ihm hier:

Beruf

S⊕heißer/Maschinist

Dabei ließen sich gerade Peinlichkeiten der letzteren Art ganz einfach vermeiden. Jeder trägt seine Berufsbezeichnung selbst ins Formular ein. Schönes Beispiel:

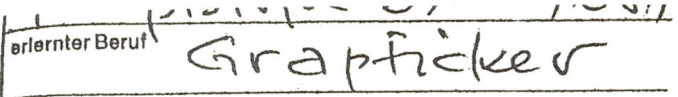

erlernter Beruf Graphicker

Eine Wohnung nach der anderen hatte er geknackt, deren Inhabern aber nie auch nur ein Haar gekrümmt. Trotzdem stilisierte ihn das Bundeskriminalblatt zum

Serienbeinbrecher.

Erst körperlich mißhandelt und dann zu Tode erschreckt, das sind so die Kombinationen der ganz perfiden Art.

Die Geschädigte Krusel wurde vom Beschuldigten erst geohrfeigt und dann angespukt.

Und wo Schockierendes in Szene gesetzt wird, kann das leicht unter die Haut gehen.

Meine Ex-Frau hat mal wieder etwas ganz Widerwärtiges injiziert.

In den Formularen für die schriftliche Beschuldigtenanhörung findet sich eine Rubrik, die offenbar immer wieder Rätsel aufgibt, die Frage nämlich nach der «Stellung im Beruf zur Zeit der Tat». Darunter können sich viele wohl nichts vorstellen und übergehen den Passus einfach. Andere sind beherzter, sie erahnen zumindest das Prinzip:

```
z.Zt. der Tat ausgeübter Beruf    Verkäuferin

Stellung im Beruf z.Zt. der Tat[1)]   Verkäuferin

                                  an der Käsetheke
```

Wieder andere bevorzugen eine streng wörtliche Auslegung:

Gegenwärtig ausgeübter Beruf	erlernter Beruf
MONTOUR	KUST STOFFSCHLOSSER
z.Z. der Tat ausgeübter Beruf	Stellung im Beruf zur Zeit der Tat
MONTOUR	SITZEND

Oder verweisen auf tarifrechtliche Errungenschaften:

z.Zt. der Tat ausgeübter Beruf *GEBÄUDEREINIGER*

Stellung im Beruf z.Zt. der Tat[1] *'PAUSE*

Andere wissen, was sich gehört, und nutzen Pausen nicht etwa zu Straftaten, sondern ausschließlich zum Tanken neuer Energien.

Der Beschuldigte wurde von dem Zeugen schlafend auf der Motorhaube eines Pkw angetroffen. Nachdem er geweckt worden war, stand er auf und trat gegen weitere Pkw in der Straße.

Aber es gab auch jenen jungen Mann, der sich in einen Pkw regelrecht verliebt hatte, sogar in einen Streifenwagen. Dazu sprang er auf das Fahrzeug und

führte begattungsähnliche Bewegungen aus, ehe er es ableckte.

Die Sache endete in der Psychiatrie.

Zwar gewinnt die sogenannte Verständigung im Strafprozeß – manche sagen auch: das «Dealen» – zunehmend an Bedeutung, dennoch leitet die Polizei gegen Beschuldigte immer noch ein Ermittlungsverfahren ein, nicht etwa, wie «Die Welt» behauptete, ein

Vermittlungsverfahren.

Es muß schon etwas sehr Erschütterndes gewesen sein, was dieser wackere Kriminalbeamte über das örtliche Ausländeramt erfahren hatte.

Nach dieser Aussage konsolidierte ich die Ausländerbehörde, wo mein Verdacht bestätigt wurde.

Natürlich will man kein Frosch sein, aber schaudern wir nicht, wenn jemand droht,

über Laichen zu gehen?

Tatoos sind in Mode, und das auf fast allen Körperteilen, dennoch heißt es immer noch Gelegenheitsprostituierte, nicht etwa

Gelegenheitsbrusttätowierte.

Und noch einmal geraten die Begriffe ins Trudeln.
Da will jemand an exotischem Schauplatz im Untergrund gekämpft haben, allerdings nicht bei den Guerillas, sondern, wie sein Anwalt im Asylverfahren vortrug, bei den

Gorillas,

da kommt jemand auf die schiefe Bahn und bringt es dennoch bei Gericht zu einer

Geldstraße,

da entpuppt sich eine unrentable Minigolfanlage im Prozeß als

Minigoldanlage,

da wird in der Übersetzung eines französischen Rechtshilfeersuchens aus einer unergiebigen Spur

eine nicht ausbeutbare Piste

und in einem türkischen Rechtshilfersuchen aus Feiertagen wie dem Oster- oder Pfingstmontag

der zweite Tag der geistlich Festivals,

da entdeckt ein Sohn überraschend eine Pistole, und das

bei der Auflösung seines Vaters,

da verhöhnen Neider die geistvolle Rede eines Vereinsvorsitzenden als «idiotisches Gefasel», was für seinen Anwalt vor allem eins ist, eine

irrenrührige Behauptung,

da mutet es an wie Tierquälerei, wenn in einer Kneipe

eine Zecke geprellt wird,

da wird aus dem berüchtigten Ku-Klux-Klan ein

Kuckucks-Clan

da mutiert eine Rangierlok, die einen Menschen überrollt hat, zur

Tranchierlok,

da weiß man um die Bürde eines Behördenchefs und stilisiert ihn zum

Leidenden Oberstaatsanwalt,

da vergreift sich die Staatsanwaltschaft im Ton und schreibt an die

Psychotische Universitätsklinik,

und da wird einem Mann dorthin getreten, wo es am meisten scherzt, nämlich in die

Eierstöcke.

(Letzteres hatten wir zwar schon, aber es ist wirklich zweimal vorgekommen.)

Stellt sich die Frage: Ließe sich dem Fehlerteufel nicht mit moderner Technik zu Leibe rücken? Mutige haben das versucht und das Rechtschreibprogramm ihres Dienstcomputers aktiviert. Aber Vorsicht, das ist kein Allheilmittel.

Den Zustand der «Vermögenslosigkeit» beispielsweise kannte das Programm nicht, obwohl Gerichte häufig damit zu tun haben. Wer das Wort schrieb, bekam es sofort beanstandet und statt dessen etwas vorgeschlagen, was Betroffene als blanken Zynismus empfinden müßten:

Vermögensrosigkeit.

Schrieb man «Maßnahmemit» versehentlich zusammen, wurde das prompt mit

Maßnahmemist

quittiert, was man ja noch einsehen will.

Auf Tippfehler wie «Anwiesung» reagierte das Programm verschnupft mit einer

Anniesung,

fand allerdings «Langzeitarbeitslosse» irgendwie lustig:

Langzeitarbeitglosse.

Und so erreichte ein Verwaltungsgericht diese Richtigstellung nicht von ungefähr:

In obiger Verwaltungsrechtssache ist in meinem letzten Schriftsatz ein Schreibfehler unterlaufen. Auf der ersten Seite heißt es «Regierungsbezirk Hilfeschrei». Hier muß es richtigerweise Regierungsbezirk Hildesheim heißen. Der Fehler entstand aufgrund einer Unachtsamkeit bei der Verwendung des Rechtschreibprogramms.

Vorsicht auch beim Einsatz eines Spracherkennungsprogramms. Das tut den Akten nicht gut. Die nämlich wurden hier nicht verfristet, sondern

verwüstet.

(Wenn auch nur virtuell. Zur bitteren Realität vergleiche im Kapitel «Polizei».)

Von vorbildlicher Genauigkeit dagegen diese Bürgerin, die bei ihrer überbordenden Korrespondenz mit der Justiz auch in puncto Rechtschreibung keinerlei Mühen scheute.

Das, wovon ich überzeugt bin, daß dies dem Amtsgericht entlich bekannt gemacht werden sollte und was ich deshalb glaube genauer beschreiben zu müssen, wird von mir erst (unter Hinzuziehen des Dudens, soweit ich unsicher bin) ins Unreine geschrieben. Anschließend verbessert (soweit ich dazu in der Lage bin) und ins Reine übertragen. Nach dem Abtippen einer jeden Seite wird diese auf Tippfehler untersucht und diese so gut es geht ausgebessert. Es kommt auch vor, daß ich die ganze Seite noch einmal schreiben muß, weil die Gedanken schneller als die Finger waren. Am Schluß des Schriftsatzes wird noch einmal alles gelesen und Fehler, die dennoch übersehen wurden, verbessert, erst dann wird das Schreiben abgeschickt.

Und das alles, wie betont wurde, an einer mechanischen Schreibmaschine unter Einsatz eines

Zehnfingersuchsystems!

Zum Schluß die Auflösung der Kapitelüberschrift. Ein simpler Stein war es, der in einem Protokoll ins Rollen geriet. Aufgrund rätselhafter Umstände kegelte jedoch am Ende ein ausgewachsener Nobelpreisträger den Berg hinab:

Einstein kam ins Rollen.

22. Zuletzt am 13.13.

Manchmal muß man den Eindruck gewinnen, daß die Uhren in unseren Ministerien anders ticken.

Es war exakt an einem 29. Juli, als ein Justizministerium per Fax einen Erlaß von ebendiesem Tag an die Justizbehörden des Landes streute. Man bat um Stellungnahme zu einer geplanten Gesetzesänderung, und wie so oft, war wieder einmal alles furchtbar eilig.

Im Hinblick darauf, daß die Thematik bereits am 5. August anläßlich einer Veranstaltung im Bundesministerium der Justiz vorab besprochen werden soll, wäre ich für die fernmündliche Mitteilung eines vorläufigen Meinungsbildes bis zum 28. Juli dankbar.

Nur wer keine Augen im Kopf hatte, rief trotzdem an.

Wo es auf den Nägeln brennt, schrumpfen nicht nur Minuten zu Sekunden, es schrumpft natürlich auch die Woche.

Es eilt, da bereits für den Freitag die abschließende Sitzung der Kommission vorgesehen ist. Bitte schicken Sie daher die Mail noch heute (Mittwoch) oder morgen (Freitag) ab.

Andererseits ist interessant, mit welcher Präzision sich offenbar schon mittwochs Verbrechen vorhersagen lassen. So untertitelte die Goslarsche Zeitung an einem Mittwoch:

Russischer Milliardär fürchtet um sein Leben – Obduktion der Leiche am Freitag

Die Flut dienstlicher Mails ist groß, zeitsparende Hinweise dagegen rar. Und so herrschte große Dankbarkeit, als man landauf, landab am Ende (!) einer amtlichen Mail zu lesen bekam:

... Sollten Sie die vorgenannten zentralen Dienste des OLG nicht nutzen, können Sie diese Nachricht ungelesen löschen!

Ein Arbeitsgericht prüfte eine krankheitsbedingte Kündigung nicht in drei Stufen, was die Regel gewesen wäre, sondern, so ausdrücklich das Urteil,

in drei Stunden.

Kurzer Prozeß also. Dabei bedarf es manchmal schon langwierigen Grübelns, was ein Arbeitgeber – hier ein behördlicher – uns denn überhaupt sagen will.

Sehr geehrte Damen und Herren,

unter Berücksichtigung Ihre Stellungnahme vom 26. 7. 2006 zur Kündigung o. g. Arbeitnehmers habe ich keine Veranlassung.

Nicht in allen Kreisen bemißt sich Zeit übrigens nach der Uhr.
Vier Liter «Cola-Weiß» (ein Mix aus Cola und Weißwein) habe er schon vor der Tat «gesoffen», bekannte ein Beschuldigter, hatte aber auch danach noch mächtig Durst verspürt. Spätestens jetzt ertrank wohl auch sein Zeitgefühl. Befragt zu einer weiteren Tat, gab er zu Protokoll:

Ja, diese Sache muß sich zwei Liter später zugetragen haben.

Wo Alkohol nicht so üppig fließt, wird virtuell weitergetrunken.

Wir sind zum Auswärtsspiel gefahren, um unsere Fußballmannschaft anzufeuern. Als kleiner Fan-Club hatten wir zwei 5-Liter-Fässer Bier mit. Als die zweite Halbzeit vorbei war, hatten wir unsere Fässer bereits eineinhalbfach geleert und jeder von uns war angetrunken.

Bei der Verjährung wird Zeit immer noch ganz konventionell berechnet. Allerdings gibt es dort gewissermaßen auch Zeitloses. In einem Artikel zum Stichwort «Verjährung» versuchte das Hamburger Abendblatt dem Phänomen beizukommen.

Die Verjährungsfrist beträgt allgemein 30 Jahre. Das Gesetz sieht allerdings auch kürzere Fristen für unterschiedliche Taten vor. Bei Geschäften des allgemeinen Lebens (Handels-, Umsatz- und Dienstleistungsgeschäfte) beträgt sie zwei Jahre, nach vier Jahren verfallen Ansprüche auf Rückstände von Zinsen und rückständigen Mieten. Bei Ordnungswidrigkeiten tritt die Verjährung je nach Höhe der angedrohten Geldbuße nach drei Jahren bis sechs Monaten ein. Die Verjährung beginnt in der Regel mit dem Tag, an dem der Anspruch entsteht. Nie verfallen dagegen nach deutschem Recht Ansprüche auf die Straftaten Mord und Völkermord.

Wenn ein musikalischer Bürger einem Polizeibeamten aus heiterem Himmel auf die Sprünge hilft, liegen ungeahnte Freuden in der Luft.

Ein Zeuge:

Ich stand am Wohnzimmerfenster und beobachtete, wie der Beschuldigte ein Musikgerät (Keyboard) aus dem Fenster warf. Dieses Mobiliar wurde auf einen Wagen geschleudert und verursachte eine Beule.
Anschließend folgte als Wurfgeschoß noch eine Gitarre, direkt vor die Füße eines Polizeibeamten, der sich nur durch einen Seitensprung retten konnte!

Wie aber trug ein Anwalt vor:

Der Umstand, daß Arbeitnehmer Arbeit für Geld leisten, während Beamte sich hingeben und für ihre Treue alimentiert werden, ist für den Europäischen Gerichtshof nicht relevant.

Doch fehlt in unseren hektischen Zeiten oft einfach die Muße, sich entspannt all dem hinzugeben, was die Fülle des Lebens für uns so bereithält.

Dazu diese Zeugin in Zeitnot:

Eine männliche Person war dreimal an meiner Wohnungstür und hat geklingelt. Beim ersten Mal fragte der Mann mich, ob ich Zeit hätte. Da ich an diesem Tag Besuch von meiner Familie hatte, habe ich gesagt: «Im Moment leider nicht» und die Tür zugemacht. Eine Woche später hat er wieder bei mir geklingelt und dieselbe Frage gestellt. Ich habe wieder «Nein» gesagt und die Tür zugemacht. 3–4 Tage später hat er wieder bei mir geklingelt und dieselbe Frage noch mal gestellt. Ich habe ihn jetzt gefragt, was er eigentlich von mir wolle, und er hat gesagt: «Ich will mit Ihnen ficken.» Da habe ich gesagt: «Dafür habe ich definitiv keine Zeit» und die Tür wieder zugemacht.

Auch bei der Erfüllung von Bewährungsauflagen kann die Zeit manchmal höllisch knapp werden. Doch seltsam, taub für die schlüssige Argumentation des Probanden, widerrief dieses Gericht eiskalt die Bewährung.

In der Anhörung über den Widerrufsantrag hat der Verurteilte erklärt, daß er zeitlich nicht in der Lage gewesen sei, die ihm auferlegten 200 Arbeitsstunden abzuleisten, weil er aufgrund seiner finanziellen Schwierigkeiten mit Schwarzarbeiten ausgelastet sei.

Besser also, man legt die Karten auf den Tisch und vertraut auf die Flexibilität der Justiz.

Betr. Raten meiner Geldauflage
Ich habe diesen Monat extreme Geldprobleme und stehe fast mittellos da. Ich kann auch meine Energiekosten diesen Monat nicht begleichen. Ich bitte Sie, diesen Monat nach hinten zu verschieben.

Verschiebungen allerdings, die unsere Justiz den Überblick kosten können.

Ich habe beschlossen, meine Strafe zu bezahlen. Dafür habe ich mir den Jahrestag meiner letzten Verurteilung auserkoren, laut Begründung im Urteil der 13.13.2006. Also bin ich gern bereit, am 13.13.2006 die Strafe zu bezahlen. Teilen Sie mir bitte schriftlich mit, wann dieser Tag ist. Ich halte dann schon die 400 Euro bereit.
Oder stellen Sie doch dieses Verfahren einfach wegen Formfehler ein. Ich erwarte Ihre Antwort.

Dieser Zeitgenosse meinte es ernst, stand in seinem Urteil doch tatsächlich:

Bei der Strafzumessung mußte sich auswirken, daß der Angeklagte bereits wegen diverser Taten bestraft werden mußte, zuletzt am 13.13.2006.

Aus dem Verlagsprogramm

Aus der Beck'schen Reihe

Verlag C. H. Beck München

Aus der Beck'schen Reihe

Martin Borré / Thomas Reintjes
Warum Frauen schneller frieren
Alltagsphänomene wissenschaftlich erklärt
9. Auflage. 2007. 176 Seiten mit 29 Grafiken im Text.
Paperback
Beck'sche Reihe Band 1647

Janka Arens / Markus Peick / Meike Srowig
Warum Männer weniger lachen
100 weitere Alltagsphänomene wissenschaftlich erklärt
2006. 166 Seiten mit 27 Graphiken im Text. Paperback
Beck'sche Reihe Band 1697

Rolf Reber
Kleine Psychologie des Alltäglichen
77 Lektionen, das Leben besser zu verstehen
2007. Etwa 149 Seiten. Paperback
Beck'sche Reihe Band 1775

Eike Christian Hirsch
Deutsch kommt gut
Sprachvergnügen für Besserwisser
2008. 188 Seiten. Paperback
Beck'sche Reihe Band 1834

Hans-Dieter Gelfert
Madam I'm Adam
Eine Kulturgeschichte des englischen Humors
2007. 239 Seiten mit 42 Abbildungen. Paperback
Beck'sche Reihe Band 1767

Verlag C. H. Beck München